JN437494

No dejes para mañana lo que puedas hacer hoy

Gramática Española

para universitarios coreanos

마상영 저

www.to-study.com

신아사

Prólogo

El español es una lengua fácil de aprender para los coreanos, gracias a que su pronucniación es muy simple y su estructura sintáctica es muy simliar a la inglesa a la que ellos ya están acostumbrados.

La lengua española proviene de una serie de dialectos hablados en el imperio romano, llamados en su conjunto "latín vulgar", para diferenciarlos del latín culto, sólo usado en ciertos ámbitos literarios, entre los más intelectuales. Tras el decubrimiento del Nuevo Mundo por Cristóbal Colón, ha logrado mayor difusión en la mayor parte de América Latina, salvo Brasil, donde se habla el portugués.

El idioma español o castellano es la lengua oficial en España, Hispanoamérica, algunos estados de EE.UU, Sáhara Occidental, Guinea Ecuatorial y en algunas provincias de Filipinas. Actualmente es la lengua oficial de 18 países hispanoamericanos: Argentina, Uruguay, Chile, Perú, Bolivia, Paraguay, Ecuador, Venezuela, Colombia, Panamá, Costa Rica, Honduras, Nicaragua, El Salvador, Guatemala, México, Cuba y República Dominicana.

El español es la segunda lengua del mundo por el número de personas que la tienen como lengua materna, tras el chino. Es la lengua materna de más de 500 millones de personas y, en EE. UU., es la segunda lengua más hablada con 52 millones de hablantes. También es uno de los seis idiomas oficiales de la ONU e idioma oficial en varias de las principales organizaciones político-económicas internacionales (Unión Europea [UE], Organización de los Estados Americanos [OEA], Organización de Estados Iberoamericanos [OEI], Tratado de Libre Comercio de América del Norte [TLCAN], Unión de Naciones Suramericanas [Unasur], Comunidad del Caribe [CARICOM], Estados de África, del Caribe y del Pacífico [ACP], etc.) y del ámbito deportivo (Federación Internacional de Fútbol Asociación [FIFA], Comité Olímpico Internacional [COI], etc.).

Pienso que la lengua española nos llama la atención a los coreanos por su importancia en los campos político, económico y cultural. Espero que esta obra gramatical contribuya a que los estudiantes coreanos puedan aprender con más facilidad la gramática española. Por último, quiero expresarle mis profundos agradecimientos a la editorial Shinasa por admitir la publicación de este libro.

Mah, Sangyoung

INDICE

Gramática Española

para universitarios coreanos

EL MUNDO HISPÁNICO

Abecedario

Mayúscula y minúscula

A	a	I	i	P	p	X	x
B	b	J	j	Q	q	Y	y
C	c	K	k	R	r	Z	z
D	d	L	l	S	s	ch	[tʃe]
E	e	M	m	T	t	ll	[élle]
F	f	N	n	U	u	-	rr
G	g	Ñ	ñ	V	v		
H	h	O	o	W	w		

K y W se usan poco en castellano.

Ch y ***ll*** son signos ortográficos compuestos de dos letras. Pero a partir de 1994(X Congreso de la Asociación de Academias de la Lengua Española), *ch* y *ll* no se consideran letras independientes (Se colocan dentro de *c* y de *l,* respectivamente). A pesar de este cambio de la ordenación alfabética, *ch* y *ll* siguen formando parte del abecedario.

rr no es una letra del abecedario porque su sonido es el mismo que el de la *r* en posición inicial de palabra o precedida de las consonantes *n, l* o *s.*

Vocales

a
e
i
o
u

vocales fuertes			vocales débiles	
a	e	o	i	u

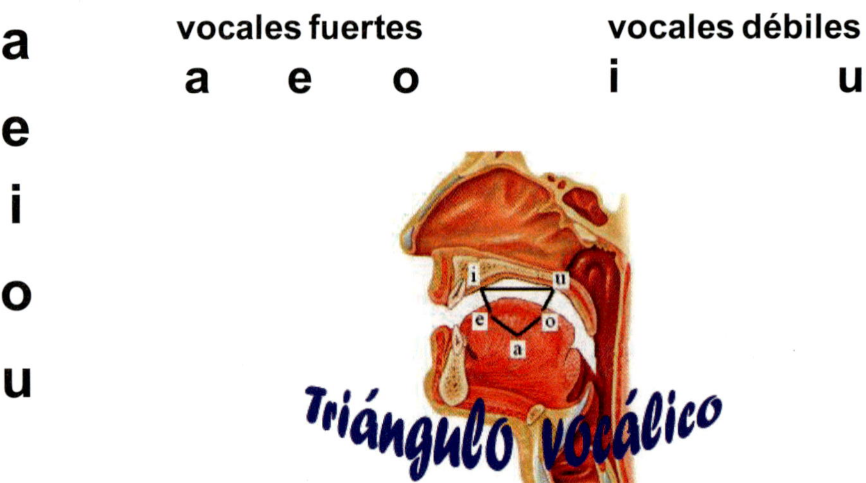

Las vocales fuertes o abiertas son a, e, o y las vocales débiles o cerradas son i, u.

Diptongos

causa	aire	autor	neutral
historia	precio	cuidado	ciudad

Al unirse una vocal fuerte(abierta) y una débil(cerrada), se forma un diptongo.

No son diptongos las siguientes combinaciones.

Vocal fuerte + Vocal fuerte	*idea*	*caos*	*Corea*
Vocal débil acentuada + Vocal fuerte	*tío*	*país*	

Triptongos

estudiáis estudiéis averiguáis averigüéis Uruguay buey

La letra **y** en triptongos –uay y –uey se considera vocal débil.

Consonantes

Una consonante es un sonido que no puede sonar independientemente, sino sólo cuando está combinado con una vocal. Por eso, una consonante no puede tener valor silábico.

[b, c, f, g, p + {l / r}] & dr, tr

Estos siguientes grupos consonánticos se consideran como una consonante en el silabeo.

cule***br***a	ama***bl***e	con***cr***eto
con***fl***icto	en***fr***iar	***gl***oria
den***tr***o	a***pr***obar	***dr***ama

Pronunciemos las siguientes palabras

ca	***ce***	***ci***	co	cu	casa	***ce***niza	***ci***garra	corazón	cubo
ga	***ge***	***gi***	go	gu	gato	***ge***nio	***gi***ro	gorila	guapo

gue	***gui***	***gue***rra	***gui***tarra
güe	***güi***	ver***güe***nza	lin***güí***stica
	h	a***h***ora	***h***uevo

La pronunciación de la -d final de la palabra

Madri*d* pare*d*

N

Ante **c, g, j, q**	**[ŋ]**	**co*nc*reto**	**ta*nq*ue**
Ante **b, m, p, v**	**[m]**	**co*n*mover**	**U*n* padre**

R vibrante simple & vibrante múltiple

al final de la sílaba & entre las vocales	**ere**	sali**r**	pa**r**a**r**
Al inicio de la palabra & **rr**	**erre**	**r**adio	pe**rr**o

X

Delante de una consonante	**[s]**	**excursión**	**extraño**
Entre las vocales	**[gs]**	e**xacto**	e**xistir**

Cf. México, Méjico Texas o Tejas

P No se pronuncia cuando forma parte del grupo PS -.

pseudónimo **psicología**

Silabeo

Sílaba es cada una de las divisiones fonológicas en las que se divide una palabra.
En español existen reglas precisas para separar en sílabas las palabras.
El ***diptongo*** y el ***triptongo*** se consideran **como una vocal**.

I. Conosonante entre las vocales

casa	➡	ca-sa	madre	➡	ma-dre
muchacho	➡	mu-cha-cho	perro	➡	pe-rro

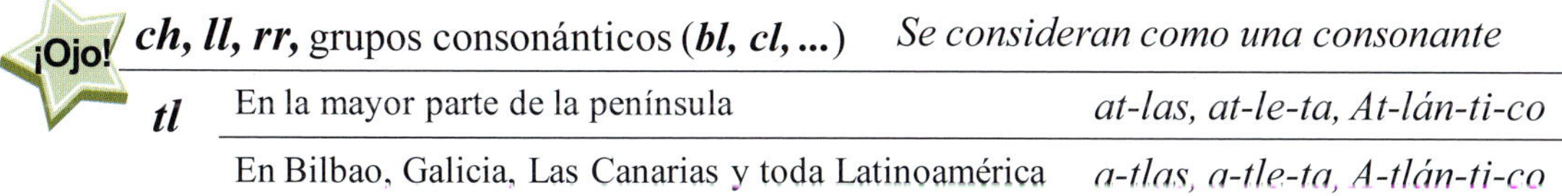

¡Ojo! ***ch, ll, rr,*** grupos consonánticos (***bl, cl, ...***) *Se consideran como una consonante*

tl	En la mayor parte de la península	*at-las, at-le-ta, At-lán-ti-co*
	En Bilbao, Galicia, Las Canarias y toda Latinoamérica	*a-tlas, a-tle-ta, A-tlán-ti-co*

II. 2 Conosonantes entre las vocales

canción	➡	can-ción	conmigo	➡	con-mi-go
acción	➡	ac-ción	extraño	➡	ex-tra-ño

III. Más de 3 conosonantes entre las vocales

monstruo	➡	mons-truo
constante	➡	cons-tan-te

IV. Vocal fuerte + Vocal fuerte

boa	➡	bo-a	caos	➡	**ca-os**
Corea	➡	Co-re-a	peatón	➡	**pe-a-tón**

¡Ojo!

Hiato [vocal fuerte + vocal débil tónica] ma-íz, po-li-cí-a, pa-ís, dí-a, fre-ír, tí-o

V. Prefijos - separación opcional

***bis**nieto*	➡	***bis**-nie-to*
***des**animado*	➡	***des**-a-ni-ma-do (de-sa-ni-ma-do)*

¡Ojo!

Como una vocal	***Diptongo***	ciu-dad, fui-mos, rui-do, hue-vo
	Triptongo	A-pre-ciáis, a-ve-ri-guáis, U-ru-guay
H entre 2 vocales	***Diptongo***	ahi -ja-do, ahu-ma-do, prohi-bir
	No diptongo	bú-ho, ve-hí-cu-lo
Etc.	***nos**-o-tros(no-so-tros),*	***vos**-o-tros(vo-so-tros)*

Las abreviaturas no se dividen nunca : ONU(Organización de las Naciones Unidas); Renfe(Red Nacional de Ferrocarriles Españoles); OVNI(Objeto volante no identificado)

Acentuación

I. las palabras que terminan en vocal, en n o en s.

padre	libro	cuaderno	nosotros
Corea	agua	radio	viudo
boina	examen	joven	lunes

II. las palabras que terminan en consonante que no sea n o s.

ciudad	hostal	moral	ordenador
feliz	amar	señor	portavoz

La letra ***y*** se considera consonante a efectos de acentuación: virr**e**y, conv**o**y, est**o**y, bu**e**y, Paragu**a**y, Urugu**a**y.

III. las palabras de acento irregular

fácil	útil	tío	país
estación	nación	jamón	francés

Acentuación y Pluralización

-vocal + s

padre ➡ padre*s*

radio ➡ radio*s*

-consonante + es

ciudad ➡ ciudad*es*

hotel ➡ hotel*es*

● [-z + es] ➡ -ces
pez ➡ peces
luz ➡ luces

examen ➡ exámenes

nación ➡ naciones

francés ➡ franceses

joven ➡ jóvenes

confusión ➡ confusiones

japonés ➡ japoneses

- [carácter ➡ caracteres] [régimen ➡ regímenes]
- [país ➡ países] [iraquí ➡ [iraquíes]

Acento & categorías gramaticales

tú	tu	mí	mi	aquél	aquel
qué	que	éste	este	cuándo	cuando

Interrogativos

Pronombres interrogativos	Adjetivos interrogativos	Adverbios interrogativos	Concordancia	Significado
qué	*qué*		-	*what(cosa), profesión(persona)*
quién	-		*número*	*who(persona)*
cuál	*cuál (Se usa poco)*		*número*	*which(cosa), who(persona)*
cuánto	*cuánto*	*cuán(to)*	*gén./núm.*	*how much(many) (persona/cosa)*
		cuándo	-	*when*
		dónde	-	*where*
		cómo	-	*how*

Why
Por (preposición) + qué (pronombre interrogativo)

¿Por qué **corres tan deprisa?**

El adverbio es invariable. (No admite morfemas de número ni de género.)
También el adverbio interrogativo CUÁNTO es invariable.
Cuando a este adverbio le sigue un adjetivo o un adverbio, se apocopa en la forma <u>*cuán.*</u>

¡*Cuánto* te quiero!

No importa cuánto dura la vida, ni ***cuán rápido*** pasa.

Unas oraciones interrogativas

¿*Qué* comes (tú)?

¿*Qué cosa* metes en la bolsa?

¿*Quién* pone la mesa?

¿*Cuál* es tu profesión?

¿*Cuántos dólares* le debo?

¿*Cuánto* vale este libro?

¿*Cuándo* regresas (tú) a casa?

¿*Cómo* (dice/ dices)?

¿*Cómo* te va?

Lección 1

Ejercicios

I. Lea en español

① exacto
② ahora
③ Texas
④ llover
⑤ queso
⑥ gente
⑦ conmigo
⑧ izquierda
⑨ psicólogo
⑩ hay
⑪ guitarra
⑫ examen
⑬ niño
⑭ conmover
⑮ México

II. Pronuncie las palabras y ponga acento a ellas si es necesario.

① Corea
② cancion
③ lingüistica
④ jamon
⑤ feliz
⑥ pasion
⑦ caracter
⑧ inutil
⑨ tio

⑩ examenes

⑪ faciles

⑫ jovenes

III. Silabee las siguientes palabras.

① perro

② sangre

③ siempre

④ desagradable

⑤ accidente

⑥ bisabuelo

⑦ constante

⑧ arroz

⑨ inmóvil

⑩ país

Cueva de Altamira

La cueva de Altamira está situada dentro del territorio de Santillana del Mar, Cantabria (España). En ella se conserva uno de los ciclos pictóricos más importantes de la Prehistoria. Pertenece al Paleolítico Superior. Su estilo artístico constituye la denominada escuela franco-cantábrica, caracterizada por el realismo de las figuras representadas. Fue declarada Patrimonio de la Humanidad en 1985. Es el más representativo del arte rupestre. Es además desde 2007, uno de los 12 Tesoros de España.

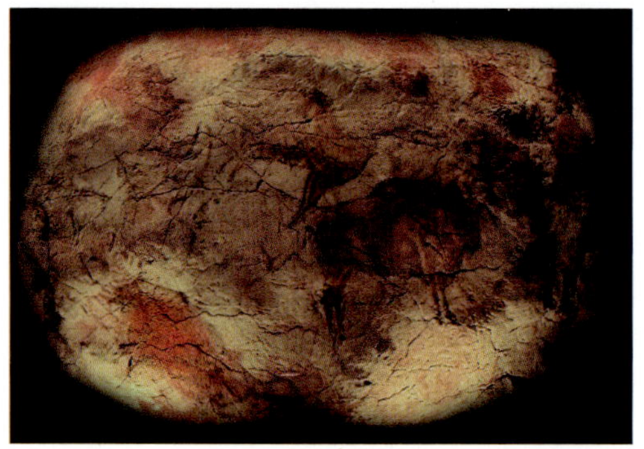

* Contenido extraído (y modificado) de "clubensayos.com/Historia/Cueva-De-Altamira/1244398.htm"

LECCIÓN 2

PRONOMBRES PERSONALES Y EL PRESENTE DE MODO INDICATIVO

Pronombres personales nominativos

P.\N.	Singular	Plural
1ª persona	yo	nosotro(a)s
2ª persona	tú	vosotro(a)s
3ª persona	él ella Ud. ello	ellos ellas Uds.

Ud. ► **usted**
Uds. ► **ustedes**

En el uso más generalizado, *usted* implica cierto distanciamiento, cortesía y formalidad

I Usted y ustedes son de **2ª** persona, pero en la conjugación verbal son de **3ª** persona.

II Nosotras ← yo(f.) + tú(f.) + ella
Vosotras ← tú(f.) + ella + otras mujeres
Nosotros(<nos+otros) ← yo(f.) + tú(m.) + ella + otras mujeres
Vosotros(<vos+otros) ← tú(m.) + ella + otras mujeres

Vosotros es la forma empleada en España, que se usa en contextos familiares, informales o de confianza. Esta forma pronominal no se usa en América, en Canarias y en Andalucía occidental, donde se emplea *ustedes*.

Características del pronombre personal

1 **El sujeto** puede elidirse cuando se sobreentiende por el contexto o la forma verbal. (cf. categoría vacía *pro*)

Vamos a estudiar.

¿Aprendes español?

Te quiero mucho.

2 Se usa el pronombre personal para enfatizar el sujeto.

Yo te quiero mucho.

Tú eres mi vida.

3 Cuando se trata de REMA, el sujeto debe aparecer detrás del verbo.

¿***Quién*** es? –Soy **yo** , Pablo.

¿***Quiénes*** son los culpables? -Los culpables somos ***nosotros***.

4 El sujeto debe aparecer cuando se usa como sujeto en el discurso directo.

"Te quiero"- me dice **ella.**

5 En la oración imperativa suele elidirse el sujeto, pero, si aparece, debe de estar detrás del verbo.

Quédate (tú) aquí con nosotros.

No te quedes (tú) aquí con nosotros.

El pronombre personal nominativo *ello* no tiene forma plural.

Los hijos han nacido en Corea y **ello** le ata definitivamente a esta tierra.

Tengo por delante un gran desafío, pero **ello** no me provoca presión.

A + complemento directo

El complemento(objeto) directo lleva **A**,
sólo cuando se trata de personas, animales o cosas personificadas.

Quiero **a Inés.** Quiero **a mi perro**.

Carmen va a visitar **(a) Roma.**

Otras características del pronombre personal

1 Si se coordinan los pronombres nominativos, la tercera persona precede a la segunda, y ésta a la primera. (Una etiqueta o una costumbre)

Ella, tú y yo iremos al cine. Cf. ???*Yo, tú y ella* iremos al cine.

Esto es un secreto **entre tú y yo.** Cf. ???Esto es un secreto **entre** ***yo y tú.***

2 El pronombre nominativo no admite la modificación de un adjetivo, pero puede aparecer delante de **mismo(a)** y **solo(a).**

Yo mismo me lo pregunto a veces. **Ella sola** puede levantarse.

3 Los adverbios como *sólo, hasta, incluso,* etc. pueden preceder y modificar al pronombre nominativo.

Sólo ellos pueden salvarnos. **Hasta tú** puedes entenderlo.

4 Los pronombres nominativos de tercera persona (él, ella, ellos, ellas) pueden referirse sólo a personas. Para referirse a cosas, el hablante usa los pronombres demostrativos.

{Esta/ *Ella} es mi casa. **{Estos/ *Ellos}** son nuestros muebles.

Pero los pronombres preposicionales de tercera persona pueden referirse tanto a personas como a cosas.

Esta es mi mesa. Ponte **a ella.** Acaba de llegar un tren. La veo bajar **de él**.

5 El pronombre nominativo puede aparecer acompañado de números cardinales.

Vosotros tres sois iguales. Tenemos ante **nosotros dos** un coche nuevo.

6 Los pronombres indefinidos *todo, todos, toda, todas* pueden preceder al pronombre nominativo, pero también pueden aparecer separados de él.

Todas ellas son alumnas. **Ellos** llegan **todos** a casa ahora.

Y al pronominalizarse los nombres contiguos, se quedan en su posición original.

Terminando *todas estas tareas*, puedes regresar a casa. → Terminándo**las todas,** …

No me digas todas esas tonterías. → No me **las** digas **todas.**

Sustitución del pronombre personal

Por el motivo de énfasis o el propósito estilístico, o para evitar aludir directamente al sujeto, el hablante puede usar otro sustantivo u otro pronombre nominativo. Esta situación es sumamente complicada y es necesario adivinar el verdadero sujeto por el contexto.

Un servidor no lo sabe. (=**Yo** no lo sé.)

¿Cómo **estamos**? (=¿Cómo **estás**?)

Cuando **vas** a grandes almacenes, **gastas** más de lo previsto.

Dicen que ese rumor es falso.

Uno no debe enfrentarse contra Dios.

Clasificación de los pronombres

pronombres personales	*yo, tú, él, ...*
pronombres demostrativos	*éste, ése, aquél, ...*
pronombres posesivos	*el mío, el tuyo, ...*
pronombres indefinidos	*alguien, algo, ...*
pronombres relativos	*que (that), quien (who), ...*
pronombres interrogativos	*qué, quién, ...*
pronombres exclamativos	*qué, cuánto, ...*

Oración

La oración es la menor unidad de comunicación que tiene sentido completo. Se compone de sujeto y predicado. El predicado está formado por un verbo que funciona como núcleo y unos complementos. La sintaxis es la parte de la Gramática que estudia la oración y sus clases.

Oración afirmativa	S-V-O	Inés estudia inglés.
		Siempre (yo) estudio con Ana.
Oración negativa	S-no-V-O	Inés no estudia español.
	S-P.n.-V-O	(tú) Nunca estudias inglés. Cf. Nadie habla español.
	S-no-V-O-P.n.	Inés no estudia español jamás.
Oración interrogativa	¿V-S-O?	¿Estudia Inés inglés?
	¿No-V-S-O?	¿No estudia Inés español?
	¿P.n.-V-S-O?	¿Nunca estudias (tú) inglés?
	¿No-V-S-O-P.n.?	¿No estudia Inés español jamás?

Cf. P.n.→ Palabra negativa

El hablante puede adoptar distintas actitudes al pronunciar una oración.

En todas las lenguas se usan variaciones tonales con fines lingüísticos.

Enunciativas: *Afirmativas y negativas* *Modo indicativo*	*Dios es inmortal.*
Imperativas: *Una orden, ruego o mandato* *Modo imperativo.*	*Aplaudamos a este héroe.*
Desiderativas: *Un deseo. (querer, desear, ojalá, ...)* *Modo subjuntivo*	*Ojalá tengas buena suerte.*
Dubitativas: *Una duda (dudar, ... o tal vez, acaso, ...).* *Modo subjuntivo.*	*Dudo que mi amiga esté triste.*
Interrogativas: *Directas: (¿...?; qué, cómo, etc.)*	*¿Cuándo va a empezar la clase?*
Indirectas: verbos interr. (preguntar, ...)	*Me pregunto cuándo va a empezar la clase.*
Exclamativas: *Admiración, sorpresa y gritos (¡...!)*	*¡Qué niño tan guapo eres!*

Todas estas clases de oraciones pueden expresarse en forma afirmativa o negativa.

Imperativa-exclamativa-negativa	*¡No dejes abiertas las ventanas!*
Desiderativa-exclamativa-afirmativa	*¡Ojalá haga buen tiempo !*

El presente del modo indicativo

El modo indicativo es un modo gramatical que tienen diversas lenguas que distinguen las modalidades *realis* frente a *irrealis*, entre ellas muchas lenguas indoeuropeas. El modo indicativo es la forma usual para hablar de hechos reales o hechos que se tienen por ciertos.

En las lenguas que tienen modo indicativo este modo se opone a otros modos que expresan hecho hipotético, hecho deseado o hecho esperado; estos otros modos reciben diversos nombres como modo subjuntivo, modo potencial, modo optativo, modo imperativo, etc.

El verbo es la categoría que expresa existencia, acción, condición o estado del sujeto. La gramática tradicional ha considerado que el verbo es el núcleo del predicado de la oración, aunque según el enfoque generativista serían las inflexiones verbales las que constituyen un auténtico núcleo sintáctico de la oración

Verbos regulares

1ª conjugación(-ar)		2ª conjugación(-er)		3ª conjugación(-ir)	
-o	-amos	-o	-emos	-o	-imos
-as	-áis	-es	-éis	-es	-ís
-a	-an	-e	-en	-e	-en

amar		leer		abrir	
amo	**amamos**	**leo**	**leemos**	**abro**	**abrimos**
amas	**amáis**	**lees**	**leéis**	**abres**	**abrís**
ama	**aman**	**lee**	**leen**	**abre**	**abren**

bailar,	bajar,	cantar	aprender,	comer	cubrir,	escribir,
dejar,	esperar,	estudiar,	comprender,	correr	partir,	recibir,
hablar,	llevar,	tomar	creer,	vender	subir,	vivir

La conjugación verbal o flexión verbal es el conjunto de las formas de un verbo según las categorías de persona, número, tiempo, aspecto, modo, voz, etc.

Usos de los verbos regulares

Verbos de la 1ª conjugación

(   ) la victoria de la selección coreana de fútbol. (nosotros-alabar)

Te (   ) a ti. (yo-amar)

(   ) las luces antes de salir. (vosotros-apagar)

(   ) juntos en la fiesta. (nosotros-bailar)

La escalera mecánica (   ) sin cesar. (bajar)

El tiempo (   ) mucho. (cambiar)

(   ) de tren en Córdoba para ir a Granada. (vosotros-cambiar)

Ellas (   ) canciones populares. (cantar)

( ) en el supermercado. (nosotros-comprar)

Ella ( ) agua en el vaso. (echar)

¿A qué hora debo ( ) la basura en los contenedores? (yo-echar)

¡Buen provecho! Os ( ). (yo-dejar)

Mi padre me ( ) ir solo al campo. (dejar)

( ) ir en SONATA. (nosotros-esperar)

( ) la literatura española. (vosotros-estudiar)

Los directores ( ) el documento. (firmar)

( ) en español en clase. (nosotros-hablar)

( ) una vida fantástica. (tú-llevar)

Debes ( ) a tu amigo ahora mismo. (localizar)

( ) el salero, por favor. (tú-pasarme) Cf. ¿Qué {te/ le} ***pasa***?

Le ( ) a usted a mi amigo Juan. (yo-presentar)

Ella me ( ) dinero a veces. (prestar)

El niño le ( ) la pelota al otro. (tirar)

Tú ( ) café, pero yo no (lo tomo). (tomar)

Este libro ( ) de la historia coreana. (tratar)

( ) de comprar un coche nuevo. (nosotros-tratar)

Verbos de la 2ª conjugación

( ) español en la universidad. (yo aprender) Cf. *Aprendo a escribir* en chino.

Ella ( ) demasiado. (comer)

A veces no me ( ). (vosotros-comprender)

( ) esta sandía sin pepitas. (nosotros-comer)

Los perros ( ) en el patio. (correr)

( ) *en* ti. (nosotros-creer)

( ) muchas frutas en esa tienda. (sujeto genérico-3ª persona-vender)

Verbos de la 3ª conjugación

( ) las ventanas. (nosotros-abrir)

( ) el piso con Inés. (vosotros-compartir)

( ) el lápiz bajo la silla. (yo-descubrir)

Él le ( ) una carta al día a Ana. (escribir)

( ) temprano para Madrid. (nosotros-partir)

¿Me ( ) fumar? (tú-permitir)

¿Dónde ( ) ahora? (tú-vivir) Cf. Los españoles ***viven*** alegres.

¿( ) cartas de tus amigos? (tú-recibir) Cf. ***Recibo*** al invitado a la entrada.

Elipsis de EL ante los nombres de las lenguas

hablar, estudiar, aprender, etc. + español

hablar, estudiar, aprender, etc. + Adverbio + el español

Hablo *español.*	Hablo *bien el español.*
¿Estudia ella *coreano*?	¿Estudia *mucho* ella *el coreano*?
Aprendemos *inglés.*	Él aprende *con entusiasmo el inglés.*

Lección 2

Ejercicios

I. Rellene los espacios en blanco con los pronombres personales adecuados.

① (   ) hablamos español.

② María es bonita, pero (   ) no lo eres.

③ (   ) somos estudiantes.

④ (   ) te amo.

⑤ ¿Quién es? -Soy (   ), José.

⑥ (   ) tomas té, y ella también.

⑦ ¿Habláis (   ) muy bien en inglés?

⑧ ¿Qué aprendes (   ) en la escuela?

⑨ Juan no tiene ni un centavo, pero (   ) no le hace deprimido.

⑩ (   ) no me comprendes.

II. Rellene los espacios en blanco con la forma apropiada del verbo en el presente del indicativo.

① Ellos (   ) de avión en París. (cambiar)

② Juan me (   ) allí. (esperar)

③ Ustedes (   ) leche en el vaso. (echar)

④ María, tú y yo (   ) juntos en la biblioteca. (estudiar)

⑤ (tú) (   ) a manejar el ordenador. (aprender)

⑥ Ellos (   ) a los invitados a la puerta. (recibir)

⑦ ¿Cuántas veces al mes (   ) (tú) la carta a tu novia?(escribir)

⑧ Los libros (   ) de la literatura española. (tratar)

⑨ ¿Cuándo (   ) (vosotros) para EE UU.? (partir)

⑩ (   ) que el rumor es verdadero. (decir)

III. Corrija los errores en las siguientes oraciones.

① Dicen que el es inteligente.

② María es alta, y lo soy también.

③ ¿Quién es responsable? El que es responsable soy.

④ Ella es una casa muy bonita.

⑤ Juan nunca no lee el libro.

⑥ Carmen ama Juan.

⑦ Es un secreto entre yo y tú.

⑧ Aprendemos escribir en ruso.

⑨ Mi padre trata a comprar un piso grande.

⑩ Ellos creen a mí.

Acueducto de Segovia

El Acueducto de Segovia (en realidad se trata del puente del acueducto) es la obra de ingeniería civil romana más importante de España y uno de los monumentos más significativos y mejor conservados de los que dejaron los romanos en la Península Ibérica. Se trata probablemente del símbolo más importante para los habitantes de Segovia, hasta el punto de figurar en su escudo.

LECCIÓN 3

VERBOS IRREGULARES DEL PRESENTE DE MODO INDICATIVO

Los ***verbos irregulares*** son aquellos que poseen conjugaciones particulares para el presente del modo indicativo ("Yo tengo"), el pretérito indefinido del indicativo ("Yo tuve") y el futuro del mismo modo ("Yo tendré").

Los verbos SER Y ESTAR

Los verbos **ser** y **estar,** son el equivalente en inglés al verbo **to be**; sin embargo, pueden tener un significado diferente según el contexto.

SER		
1	**soy**	**somos**
2	**eres**	**sois**
3	**es**	**son**

ESTAR		
1	**estoy**	**estamos**
2	**estás**	**estáis**
3	**está**	**están**

SER

Es usado para describir cosas esenciales, características o cualidades, aspectos básicos, posesiones, relaciones personales, nacionalidad, voz pasiva, expresiones de tiempo, etc.

ESTAR

Es usado para expresar localización, aspectos transitorios, sentimientos o situaciones especificas del momento, etc.

Usos del verbo SER

1	**Nacionalidad**	Yuna es ***coreana.***
2	**Sentimiento estable**	Somos ***felices***. Cf. Estamos felices.
3	**Profesión**	Juan es ***médico***.
		Mi hermano es ***profesor***.
4	**Tiempo**	***¿Qué día* es** hoy**? -(Hoy) Es *domingo*.**
		Son las dos de la tarde.
5	**Cualidades intrínsecas**	El cielo no ***es rojo*** sino ***azul.***
6	**Etc.**	***Es necesario*** preparar bien las clases.
		¿***Cuánto*** *es*?- ***Son 10 euros***.
		Estos regalos ***son para ti.***
		La temperatura ***es de 20 grados.***

SER DE ...	**Procedencia**	***Somos de Corea.***
	Posesión	Este DVD ***es de mi hermana.***
	Fabricación	Este teléfono móvil ***es de Samsung.***
	Materia	Este juguete ***es de metal.***

Concordancia entre el sujeto y el verbo SER

El verbo SER sólo asigna el caso nominativo al sujeto.
El atributo asigna el papel temático al sujeto.
El sujeto y el atributo se concuerdan en género y número.

Nosotros somos españoles.

María es enfermera.

Cf. pro Los españoles somos **europeos.**

➡ ***Nosotros los españoles somos*** **europeos.**

Atributo

No lleva el artículo si expresa ***la clasificación***.
Pero, sí lo lleva si expresa ***la identificación.***

¿***Qué es*** Juan? (Juan) *Es* ***alcalde***.

¿***Quién*** *es* Juan? (Juan) *Es* ***el alcalde***.

¿***Quién*** *es* Juan? ***El alcalde*** *es* Juan

Usos del verbo ESTAR

1	**Estado**	***Estamos cansados.***
		María ***está muy alegre.***
		¿***Cómo(=Qué tal) estás***? -***Estoy bien,*** gracias, ¿y tú?
		¿***Qué tal está*** de salud? -***Estoy {bien/ mal}*** de salud.
		Mi corazón ***está roto.***
		¿***A cuánto está*** el euro hoy?
		El euro ***está a 1,40 dólares.***
2	**Localización**	Juan ***está ahora en su despacho.***
		España ***está en la Península Ibérica.***

Usos correctos e incorrectos

Ella {es/ *está} inteligente/ coreana.	Ella {*está/*es*} ***de buen humor.***
Ella {es/ *está} de Corea.	Ella {*está/*es*} ***bien de salud.***

Usos de SER y ESTAR

Estado intrínseco	Estado momentáneo
María ***es gorda.***	María ***está gorda.***
Somos listos.	***Estamos listos.***
Ella ***es atenta con todos.***	Ella ***está atenta al menor ruido.***
Ella ***es {celosa/ nerviosa}.***	Ella ***está {celosa/ nerviosa}.***
Ud. ***es feliz.***	Ud. ***está feliz*** con el resultado.
Soy {soltera/ casada/ viuda}.	***Estoy {soltera/ casada/ viuda}.***
Soy camarero.	***Estoy de camarero en un bar.***
En clase ***somos veinte estudiantes.***	**En clase *estamos veinte estudiantes.***

Tiempo, Evento	Lugar temporal y espacial
¿*Cuándo es* ahora?	¿*En qué {país/ ciudad/ lugar}* estás?
-(Ahora) *Es {primavera/ julio/ sábado}.*	*-Estoy {en Corea/ en Seúl/ en casa}.*
¿Dónde es *{el examen/ la conferencia}*?	¿*En qué {año/ día de la semana}* estamos?
-(Es) *{En el aula 10/ En el hotel}.*	-Estamos *{en 2008/ en martes}.*

Usos de ESTAR y HAY

El verbo ***HAY*** es una forma impersonal del verbo ***HABER***.

Sujeto concreto	Complemento indefinido
Artículo definido, [adj. posesivo + N], pronombre, nombre propio, etc.	*Artículo indefinido, [interrogativo + N], pronombre indef., pronombre interr., etc.*
¿***Dónde está*** el libro? -El libro ***está en la mesa.***	¿***Qué hay*** en la mesa? ***-Hay un libro*** en la mesa.
¿***Dónde están*** tus hermanos? -Ellos ***están en casa.***	¿***Hay alguien*** en la sala? ***-No, no hay nadie*** en la sala.
	¿***Hay {unos/ varios/ muchos} libros*** en la mesa? ***-Sí, los hay*** en la mesa.

[pro expletivo(= there) + Hay + complemento directo]

*Un libro hay en la mesa   *Unos libros hay en la mesa

Hay (Había) que INF.

Significa que la gente(nosotros, Uds., ...) debe hacer algo y en la negación no necesita hacerlo.

Hay que comer para vivir.	***Había que sobrevivir*** pese al frío y el hambre.
Hay que estudiar mucho.	***No hay que trabajar*** mucho.

El verbo IR

El verbo **IR** significa moverse de un sitio cualquiera a otro distinto **(*to go* en inglés)**. Y carece de significado en la perífrasis IR A INF**.**

IR		
1	**voy**	**vamos**
2	**vas**	**vais**
3	**va**	**van**

Movimiento de un lugar a otro

( ) a la escuela. (yo)

Ellas ( ) de excursión a la montaña.

¿De qué vas? – ( ) de vacaciones a Málaga.

[IR + DE + NOMBRE]

Ir de
- ***excursión / picnic***
- ***compras***
- ***tiendas***
- ***paseo***
- ***vacaciones***

( ) de picnic. (vosotros)

Ella ( ) de tiendas esta tarde.

¿De qué va usted? – ( ) de paseo por el parque.

Perífrasis

Ir a INF. (Futuro)

Vamos a INF. (Ruego)

( ) a comprar un coche de segunda mano. (yo)

Nosotros ( ) a ir en tren a Busan pasado mañana.

- ( ) a comer. (ruego a nosotros)

Construcción impersonal

Expresa el proceso de la situación.

¿Cómo te va?

- Me va bien todo.

IR + Gerundio

Expresa el acto en proceso.

Ellas ( ) llegando al destino.

Juan ( ) corriendo a la escuela.

Los verbos irregulares

Diptongación de la vocal radical

[E ➡ IE](-ar, -er, -ir)		
1	-ie-	-e-
2	-ie-	-e-
3	-ie-	-ie-

sent**ar**

si**e**nt**o**	sent**amos**
si**e**nt**as**	sent**áis**
si**e**nt**a**	si**e**nt**an**
calentar, comenzar, despertar, empezar, negar, nevar	

entend**er**

enti**e**nd**o**	entend**emos**
enti**e**nd**es**	entend**éis**
enti**e**nd**e**	enti**e**nd**en**
atender, defender, encender, entender, perder, querer	

sent**ir**

si**e**nt**o**	sent**imos**
si**e**nt**es**	sent**ís**
si**e**nt**e**	si**e**nt**en**
advertir, consentir, divertir, herir, mentir, preferir, sentir	

La estufa ( ) el aire del cuarto. (calentar)

La clase ( ) a las nueve. (empezar)

Le ( ) a Ud. mi secreto. (yo-confesar)

La mamá ( ) al niño. (despertar) ([a+el] ➡ al)

Ella ( ) mi propuesta. (negar)

( ) a veces en invierno. (nevar)

Él ( ) a sus niños en la silla. (sentar)

La enfermera me ( ) bien. (atender)

( ) el país contra los enemigos. (nosotros-defender)

Ella ( ) la radio para escuchar las noticias. (encender)

El estudiante no ( ) las explicaciones del profesor. (entender) ([de+el]⇨del)

No ( ) perder tiempo sin hacer nada. (yo-querer)

( ) al chico. (nosotros-querer)

Te ( ) el problema del proyecto. (yo-advertir)

Tenéis que ( ) la esperanza en realidad. (convertir)

( ) en veranear en la playa. (yo-consentir)

Juan ( ) a sus padres. (divertir)

La carta me ( ) mucho. (herir)

( ) quedarte aquí a ir al campo. (tú-preferir)

Diptongación de la vocal radical

[O ➡ UE](-ar, -er, -ir)		
1	-ue-	-o-
2	-ue-	-o-
3	-ue-	-ue-

contar

cuento	contamos
cuentas	contáis
cuenta	cuentan

acordar, almorzar, colgar, costar, encontrar, mostrar, sonar, soñar

mover

muevo	movemos
mueves	movéis
mueve	mueven

conmover, devolver, llover, morder, poder, soler, volver

dormir

duermo	dormimos
duermes	dormís
duerme	duermen

morir

¿( ) de mí? (tú-acordarse)

¿A qué hora ( )? (nosotros-almorzar)

¿Por qué no ( ) el teléfono? (tú-colgar)

Voy a ( ) una historia. (contarte)

Quiero ( ) contigo. (contar)

¿Cuánto ( ) esta ropa? (costar)

( ) al gato debajo de la mesa. (yo-encontrar)

Ellos nos ( ) la foto. (mostrar)

La campana (   ) muy suave. (sonar)

Siempre (   ) contigo. (yo-soñar)

El atentado (   ) a toda España. (conmover)

Ella me (   ) el dinero prestado. (devolver)

(   ) mucho en la zona tropical. (llover)

El viento (   ) las hojas del árbol. (mover)

El perro que ladra no (   ). (morder).

Ellos nos (   ) la foto. (mostrar)

No (   ) pronunciar bien esa palabra. (yo-poder)

(   ) dar un paseo por el parque. (ellos-soler)

Ellos (   ) a casa a descansar. (volver)

¿A qué hora (   )? (tú-dormir)

(   ) de hambre. (yo-morirse)

Conjugación del verbo OLER

***hue**lo* ***hue**les* ***hue**le* *olemos* *oléis* ***hue**len*

Este perfume *huele a* limón.

volver a INF.

Ellos ***vuelven a descansar*** en casa.

Cambio de la vocal radical

[E ➡ I]		
1	-i-	-e-
2	-i-	-e-
3	-i-	-i-

[U ➡ UE]		
1	-ue-	-u-
2	-ue-	-u-
3	-ue-	-ue-

[I ➡ IE]		
1	-ie-	-i-
2	-ie-	-i-
3	-ie-	-ie-

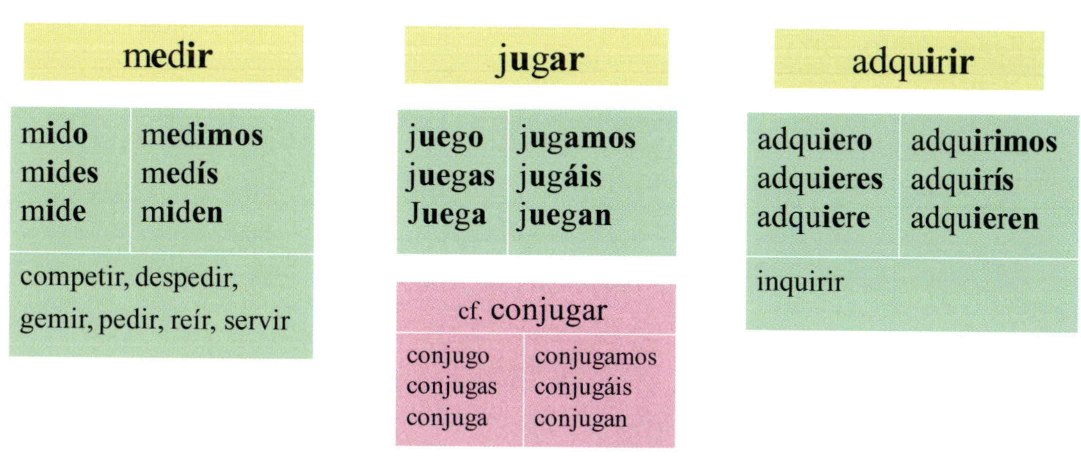

medir	
mido	medimos
mides	medís
mide	miden
competir, despedir, gemir, pedir, reír, servir	

jugar	
juego	jugamos
juegas	jugáis
Juega	juegan

cf. conjugar	
conjugo	conjugamos
conjugas	conjugáis
conjuga	conjugan

adquirir	
adquiero	adquirimos
adquieres	adquirís
adquiere	adquieren
inquirir	

Beatriz ***compite* en belleza con Ana.**

Los compañeros (   ) al soldado fallecido en accidente. (despedir)

La empresa (   ) a los empleados contratados temporalmente. (despedir)

El pueblo (   ) de dolor en la esclavitud. (gemir)

Cuba (   ) a Javier Sardá entrar en la isla. (impedir)

Ellos (   ) la altura del edificio. (medir)

Juan (   ) 1,75. (un metro setenta y cinco) (medir)

Los bebés (   ) al ver las imágenes en los libros. (reír)

Ellos (   ) de mí. (reírse)

La máquina (   ) para producir hilo. (servir)

Los niños (   ) en el patio. (jugar)

El chico (   ) al tenis, al fútbol y al golf. (jugar)

(   ) los verbos anteriores. (nosotros-conjugar)

Él (   ) dinero mediante el negocio. (adquirir)

El técnico en informática (   ): "¿Qué ordenador tiene?". (inquirir)

Adición del fonema

Adición de G			Adición de Z			Adición de Y		
1	-go	-{e/i}mos	1	-zco	-c{e/i}mos	1	-yo	-{e/i}mos
2	-es	-{éi/í}s	2	-ces	-c{éi/í}s	2	-yes	-{éi/í}s
3	-e	-en	3	-ce	-cen	3	-ye	-yen

poner		nacer		influir	
pongo	ponemos	nazco	nacemos	influyo	influimos
pones	ponéis	naces	nacéis	influyes	influís
pone	ponen	nace	nacen	influye	influyen
componer, oponer, valer, tener, contener, obtener, sostener, asir, salir, venir, convenir, intervenir, prevenir		agradecer, conocer, crecer, merecer, obedecer, parecer, conducir, introducir, producir, reducir		constituir, construir, destruir, disminuir, excluir, huir sustituir	

tener	*tengo*	*tienes*	*tiene*	*tenemos*	*tenéis*	*tienen*
venir	*vengo*	*vienes*	*viene*	*venimos*	*venís*	*vienen*

( ) la caja en la mesa. (nosotros-poner)

Ella ( ) un poema. (componer)

La junta ( ) de diez miembros. (componerse)

( ) al proyecto. (nosotros-oponerse)

Este libro ( ) diez mil wones. (valer)

Una botella grande ( ) a más o menos dos litros. (equivaler)

( ) a la calle. (nosotros-salir)

La ( ) de la manga. (yo-asir)

( ) hijos. (nosotros-tener)

Esta caja ( ) libros. (contener)

No puedo ( ) la cólera. (contener)

Empiezo a ( ) éxitos en el negocio. (obtener)

Las paredes (   ) el techo de la casa. (sostener)

(   ) a ver el paisaje. (yo-venir)

¿De dónde (   ) y adónde vamos? (nosotros-venir)

¿No le (   ) llamarme esta tarde? (convenir)

No debes (   ) en vidas ajenas. (intervenir)

Más vale (   ) que curar. (prevenir)

Le (   ) mucho por su acompañamiento. (yo-agradecer)

Este camino (   ) a la Plaza Mayor. (conducir)

¿Puedes (   ) el auto? (conducir)

La economía de Corea (   ) sin cesar. (crecer)

Juan (   ) una moneda en la máquina de venta automática. (introducir)

(   )(=Vale) la pena ver la película. (=La película es digna de ver.) (merecer)

La tesis doctoral (   ) de una investigación profunda. (nacer)

Ese chico (   ) bien a sus padres. (obedecer)

Juan (   ) tonto. (parecer) cf. Parece que Juan es tonto.

(   ) a mi padre. (yo-parecerse) cf. Juan es parecido a su padre.

(   ) muchas naranjas en la zona valenciana. (producir)

No (   ) los gastos imprescindibles. (yo-reducir)

(   ) que Inés no tiene culpa. (nosotros-concluir)

Cincuenta y un estados (   ) EE UU.(constituir) Cf. Estados Unidos

Los arquitectos (   ) el edificio. (construir)

Los aviones de ataque (   ) la zona en conflicto. (destruir)

Las ventas (   ) cada vez más. (disminuir)

Quieren (   ) a José de la lista. (excluir)

La idea de Aristóteles (   ) mucho en su pensamiento. (influir)

El fin de semana (   ) de la vida cotidiana. (yo-huir)

El seleccionador español (   ) a Pedro por José. (sustituir)

Usos de PONER

¿Dónde (   ) las gafas? (yo) Cf. Me pongo las gafas.

Mi madre (   ) la mesa.   Cf. Nos ponemos a la mesa.(=Nos sentamos...).

Ella me (   ) nervioso.   Cf. Ella se pone nerviosa al verme.

(   ) una película de artes marciales en el cine. (ellos)

No debes (   ) en marcha el coche sin permiso previo.

Usos del verbo TENER

El verbo TENER expresa la ***posesión***, y generalmente no admite el artículo definido ante el complemento directo.

(   ) ***(unos/ *los) libros.*** (yo)
(   ) ***(unos/*a los) hijos.*** (nosotros)
Mi coche (   ) ***aire acondicionado.***
(   ) ***muchas ganas*** *de ir* a Francia. (yo)

Pero lleva el artículo definido ante el complemento directo al expresar el significado concreto o una parte del cuerpo.

¿Quién (   ) ***el libro***? ***-Lo tiene*** Ana.

Ignacio (   ) ***los pies planos.***

Inés y Carmen (   ) ***el pelo rubio*** y ***los ojos azules***.

[TENER + p.p. + NOMBRE]	
	abierta *la ventana.*
Tengo	***abiertas*** *las ventanas.*
	el pelo ***teñido de rubio.***

Tenemos (   ) la puerta. (cerrar)

Tenemos (   ) las puertas. (cerrar)

Los periodistas extranjeros tienen (   ) entrar en el país. (prohibir)

Cf. Lo tengo teñido de rubio.

TENER QUE INF.

Expresa la obligación y en la negación la no necesidad.
Su obligación es más fuerte que la de HAY QUE INF.

( ) ***que estudiar*** español. (nosotros)

Juan y yo ( ) ***que ir*** allí esta tarde.

No ( ) ***que aprender*** mucho el chino. (yo)

Cf. Tengo que cortar**me** el pelo.

Frases con TENER	
tener	***calor***
	frío
	dolor
	miedo
	hambre
	sueño
	razón

( ) ***mucho calor*** en verano. (nosotros)

( ) ***frío*** en invierno. (yo)

Él ( ) ***dolor de {cabeza/ estómago}***.

Mi hijo ( ) ***miedo a***l mar.

Los turistas ( ) ***mucha hambre.***

( ) ***sueño*** por la tarde en verano. (yo)

( ) ***razón.*** (tú)

HACER & DECIR

En su conjugación de la 1ª persona del singular el fonema C se convierte en G. En el caso de ***Decir*** la vocal radical E se cambia a I.

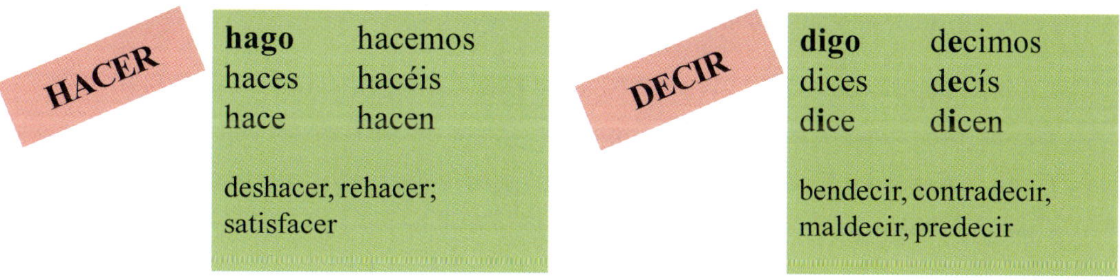

HACER	
hago	hacemos
haces	hacéis
hace	hacen

deshacer, rehacer; satisfacer

DECIR	
digo	decimos
dices	decís
dice	dicen

bendecir, contradecir, maldecir, predecir

¿Qué ( ) ahora en casa? (tú-hacer)

Ella ( ) el azúcar en el agua. (deshacer)

( ) el proceso de nuevo. (yo-rehacer)

Cada semestre ( ) a mis padres con la beca. (yo-satisfacer)

Es malo para ti ( ) mentiras. (decir)

Dios me ( ) con la buena suerte. (bendecir)

Y no ( ) en absoluto. (yo-contradecirse)

( ) a veces mi mala suerte. (yo-maldecir)

Es un pecado ( ) el futuro. (predecir)

Usos del verbo HACER

Voy a ( ) un viaje por China. (yo)

¿Me ( ) el favor de llevar las maletas a la entrada? (usted)

Ana nos ( ) preguntas extravagantes.

No le ( ) daño a nadie. (yo)

Me ( ) falta el dinero.

Diez por cinco ( ) cincuenta.

Vas a ( ) rico pronto. (hacerse)

[HACE + periodo + QUE ...] = ... DESDE HACE + tiempo.
= [LLEVAR + periodo + GERUNDIO]

¿Cuánto tiempo hace que vives en Seúl? - *Hace diez años que* vivo en Seúl.
¿Desde hace cuánto tiempo vives en Seúl? -Vivo en Seúl *desde hace diez años.*
¿Cuánto tiempo **llevas** (viviendo) en Seúl? *-Llevo diez años (viviendo)* en Seúl.
¿Cuántas horas hace que me esperas? *-Llevo tres horas esperándote* aquí.

Llevo un año	*fuera de* mi país.
	separado de mi familia.
	echando de menos a mi familia.

Construcción causativa = [HACER + INFINITIVO]

El profesor *nos (   ) pronunciar* las palabras.

La madre (   ) *caminar* al niño.

Hace / Hacía	***{buen/ mal} tiempo***
	sol
	viento
	calor
	frío
	fresco

¿Qué tiempo (   ) hoy?

*(   ) **{buen/ mal} tiempo*** hoy.

*(   ) **mucho {calor/ frío/ fresco}.***

(   ) mucho en invierno. (nevar)

(   ) a cántaros en la costa mediterránea.

Los verbos ***llover*** y ***nevar*** se emplean sólo en la tercera persona singular.

CAER & OÍR

En su conjugación de la 1ª persona del singular se agrega ***–ig-***. En el caso de OIR se agrega el fonema ***y*** en la de 2ª persona del singular y en la de 3ª persona.

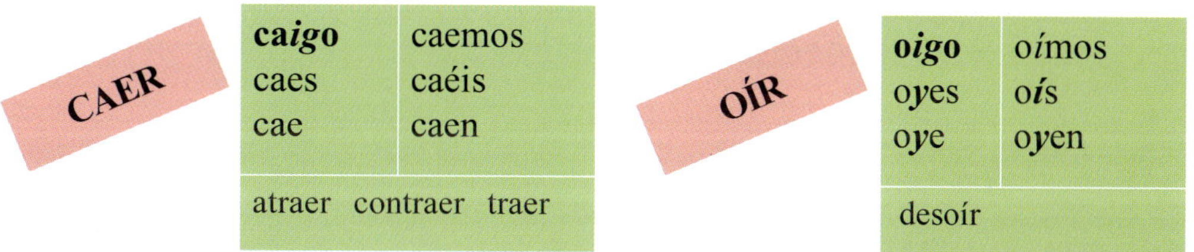

CAER

caigo	caemos
caes	caéis
cae	caen
atraer contraer traer	

OÍR

oigo	oímos
oyes	oís
oye	oyen
desoír	

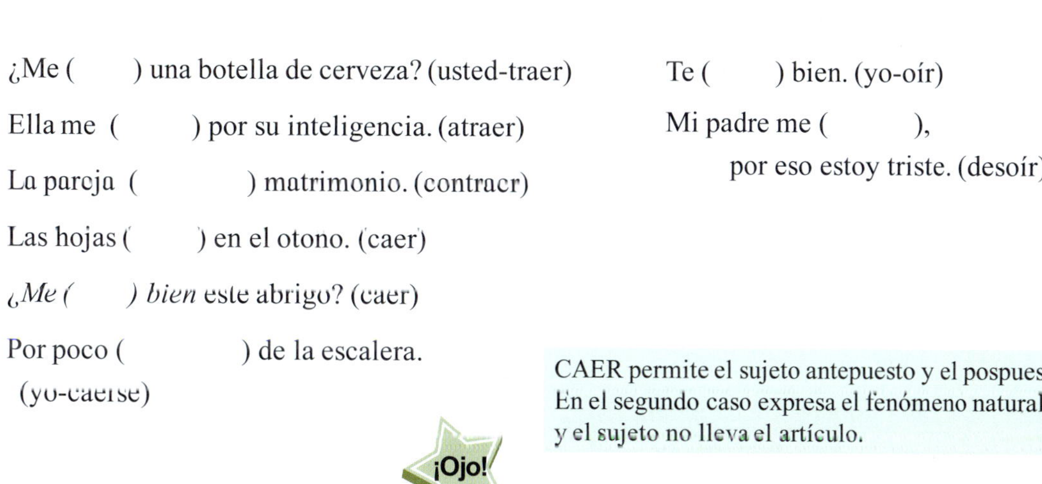

¿Me (   ) una botella de cerveza? (usted-traer)

Ella me (   ) por su inteligencia. (atraer)

La pareja (   ) matrimonio. (contraer)

Las hojas (   ) en el otoño. (caer)

¿Me (   ) bien este abrigo? (caer)

Por poco (   ) de la escalera. (yo-caerse)

Te (   ) bien. (yo-oír)

Mi padre me (   ), por eso estoy triste. (desoír)

CAER permite el sujeto antepuesto y el pospuesto. En el segundo caso expresa el fenómeno natural y el sujeto no lleva el artículo.

¡Ojo!

Transportada por las nubes, *el agua cae* en forma de lluvia o nieve.
Vivo en un lugar donde en invierno *cae nieve.*

Otros verbos

En su conjugación de la 1ª persona del singular, los verbos ***dar***, ***ver*** y ***caber*** permiten ***la adición del fonema*** mientras que los verbos ***saber*** y ***haber*** admiten ***la pérdida del fonema***.

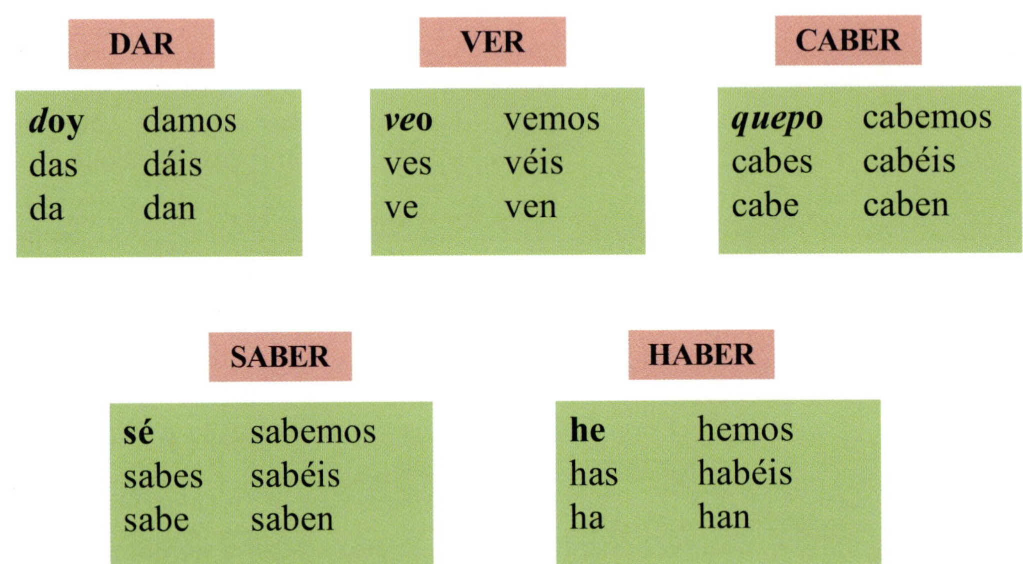

DAR	
doy	damos
das	dáis
da	dan

VER	
veo	vemos
ves	véis
ve	ven

CABER	
quepo	cabemos
cabes	cabéis
cabe	caben

SABER	
sé	sabemos
sabes	sabéis
sabe	saben

HABER	
he	hemos
has	habéis
ha	han

Usos del verbo DAR

Mi amigo me (   ) este regalo.

Te voy a (   ) ***una bofetada.***

El reloj acaba de (   ) ***las doce.***

(   ) (echan) una película mexicana. (sujeto genérico)

Cada día (   ) ***un paseo*** por el parque. (yo)

No me (   ) ***la gana*** *de decírtelo.*

Me (   ) lo mismo(= Me da igual).

(   ) prisa o vas a llegar tarde. (tú-darse)

Ignacio me (   ) ***(estrecha) la mano.***

Le (   ) ***las gracias*** por su ayuda. (yo)

Usos del verbo VER

La (   ) a ella a veces en la escuela. (yo)

(   ) que ella corre de prisa. (nosotros)

La (   ) (a ella) correr de prisa. (yo)

(   ) construida la casa. (yo)

Usos del verbo CABER

Este regalo no (   ) en la caja.

No (   ) la menor duda en el asunto.

Usos del verbo SABER

No (   ) nada de política. (yo)

Juan (   ) esquiar, pero no esquía bien.

La sopa (   ) ***a plátano.***

Diferencias de uso entre SABER y CONOCER

EL HECHO	*LA EXPERIENCIA*
Sé que tienes razón.	***Conozco*** a Juan.
No sé cómo explicártelo.	***Conozco*** Madrid.
Sé el camino más corto al destino.	***Conozco*** el camino más corto al destino.

Cambio del fonema de acuerdo con la pronunciación

vencer

venzo	vencemos
vences	vencéis
vence	vencen

convencer
torcer(o➡ue)
esparcir
zurcir

coger

cojo	cogemos
coges	cogéis
coge	cogen

escoger
recoger
elegir(e➡i)
dirigir
exigir

seguir

sigo	seguimos
sigues	seguís
sigue	siguen

conseguir
distinguir
extinguir
perseguir(e➡i)

delinquir

delinco	delinquimos
delinques	delinquís
delinque	delinquen

[Seguir + gerundio/ SP]
Sigo trabajando.
Ella ***sigue sin entenderlo.***

En Estados Unidos los ciudadanos no (   ) al presidente. (elegir)

No (   ) a nadie de hacerlo. (yo-convencer)

Nuestro equipo quiere (   ) al vuestro en el partido inaugural del torneo. (vencer)

El niño (   ) la cuerda. (torcer)

Una vez al día (   ) el agua sobre los céspedes. (yo-esparcir)

(   ) la ropa de trabajo. (yo-zurcir)

Mi amigo me (   ) por la mano. (coger)

(   ) una ficha entre éstas. (yo-escoger)

Tres mujeres campesinas (   ) los restos de la cosecha a mano. (recoger)

(   ) las erratas. (yo-corregir)

El empresario (   ) una compañía multinacional. (dirigir)

Le (   ) el perdón a usted. (yo-exigir)

Te voy a (   ) adonde vayas. (seguir) cf. Voy a alcanzarle antes de doblar la esquina.

Al fin (   )(=logro) buenas notas. (yo-conseguir)

(   ) a un hombre en la oscuridad. (yo-distinguir)

Ahora (   )(=apago) el fuego. (yo-extinguir)

Acentuación sobre la vocal débil

variar	
var***ío***	var**iamos**
var***í***as	var**iáis**
var***ía***	var**ían**
confiar	criar
enfriar	enviar
guiar	vaciar
fotografiar	

graduar	
grad***úo***	grad**uamos**
grad***úas***	grad**uáis**
grad***úa***	grad***úan***
acentuar	actuar
continuar	efectuar
insinuar	situar
evacuar	

reír	
r***ío***	re***ímos***
r***íes***	re***ís***
r***íe***	r***íen***
sonreír	

La temperatura (   ) de día a noche. (variar)

(Me) (   ) en ti. (yo-confiar)

(   ) a un gato en casa. (yo-criar)

La sopa (   ) pronto al aire libre. (enfriarse)

Les (   ) una carta al mes a mis padres. (yo-enviar)

En el invierno los madrileños (   ) en las pistas de Navacerrada. (esquiar)

Ana nos (   ) al Museo del Prado. (guiar)

(   ) el basurero dos veces a la semana. (nosotros-vaciar)

Quiero (   ) el paisaje.(=Quiero sacar fotos del paisaje.) (fotografiar)

Ellos (   ) de esta universidad. (graduarse)

El profesor (   ) las reglas gramaticales. (acentuar)

Ellos (   ) jugando a las cartas. (continuar)

El médico (   ) la operación ahora. (efectuar)

¿Qué (   ) ella con esas palabras? (insinuar)

(   ) la tropa en la zona estratégica. (sujeto genérico-situar)

(   ) a los soldados del punto más peligroso. (sujeto genérico-evacuar)

El abuelo (   ) a carcajadas a menudo. (reír)

Ellos (   ) de mí. (reírse)

Ella me (   ) con elegancia. (sonreír)

Lección 3

Ejercicios

I. Rellene los espacios en blanco con la forma correcta del verbo SER o ESTAR.

① Carmen (   ) mexicana.

② María (   ) muy contenta.

③ El Sr. Kim (   ) un pintor muy famoso.

④ La casa (   ) de madera.

⑤ Ignacio (   ) en el centro de la ciudad.

⑥ Ellos (   ) estudiantes.

⑦ ¿Cómo (   ) Ud.?

⑧ ¿Qué (   ) Antonio?

⑨ ¿Dónde (   ) tus hijos?

⑩ El ordenador (   ) de Corea.

II. Explique las diferencias entre las dos oraciones siguientes.

① Ellos son muy gordos.
   Ellos están muy gordos.

② Ella es lista.
   Ella está lista.

③ Somos de Corea.
   Estamos de buen humor.

④ Los muchachos son muy buenos.
   Los muchachos están muy buenos.

⑤ Mi mujer es celosa.
   Mi mujer está celosa.

III. Rellene los espacios en blanco con la forma correcta.

① El libro (   ) azul. (ser)

② ¿Qué (   ) allí? (haber)

③ Hay que (   ) mucho. (estudiar)

④ Juan y yo (   ) en el campo. (estar)

⑤ ¿A dónde (   ) de excursión vosotros? (ir)

⑥ La reunión (   ) a las tres de la tarde. (empezar)

⑦ Las enfermeras (   ) con cuidado a los enfermos. (atender)

⑧ Ella (   ) ir al extranjero a quedarse en casa. (preferir)

⑨ ¿A qué hora (   ) vosotros? (almorzar)

⑩ (   ) necesario para nosotros controlar el peso. (ser)

⑪ Te (   ) de mí. (despedir)

⑫ Unos niños (   ) al fútbol y otros a la pelota. (jugar)

⑬ (   ) tres hijos. (yo-tener)

⑭ No (   ) nada de las matemáticas. (yo-saber)

⑮ El profesor (   ) explicando la lectura. (seguir)

IV. Rellene los espacios en blanco con las palabras adecuadas.

a, con, de, en, mediante, para, que, sin

① El edificio es (   ) metal.

② La clase empieza (   ) las ocho de la mañana.

③ Llueve mucho (   ) verano.

④ Queremos convertir la esperanza (   ) realidad.

⑤ ¿Te acuerdas (   ) mi amiga?

⑥ Los hijos quieren contar (   ) sus padres.

⑦ Voy (   ) ir a China a aprender la historia del Oriente Extremo.

⑧ Ella vuelve (   ) criticar al presidente.

⑨ Me muero (   ) aburrimiento.

⑩ Ellos se ríen (   ) mí.

⑪ La ayuda alimentaria sirve (   ) salvar vidas.

⑫ El empresario adquiere mucho dinero (   ) el negocio.

⑬ El número de solicitudes crece (   ) cesar.

⑭ Tenéis (   ) regresar pronto a casa.

⑮ Los alumnos quieren ir (   ) vacaciones.

V. Rellene los espacios en blanco con la forma correcta del verbo HACER o TENER.

① Hoy (   ) buen tiempo.

② Inés (   ) mucha hambre.

③ Esta tarde (   ) calor.

④ Los alumnos (   ) mucho sueño por la tarde.

⑤ Los niños (   ) dolor de estómago.

⑥ En otoño (   ) fresco.

⑦ Mario (   ) miedo al mar.

⑧ En invierno, (   ) bastante frío, llueve poco y nieva muy a menudo.

⑨ Me parece que ellos (   ) razón.

⑩ (   ) mucho sol pero (   ) mucho viento.

VI. Explique el sentido de la pregunta y las respuestas.

¿Qué tiempo hace hoy?

- Hace muy buen tiempo.
- Está despejado.
- Está muy nublado.
- Está muy soleado.
- Nieva mucho.
- Llueve mucho

VII. Rellene los espacios en blanco con la forma correcta del verbo SABER o CONOCER.

① Yo ( ) bien a ese profesor.

② Yo no ( ) qué hacer.

③ La gente me ( ) bien.

④ ¿( ) tú Madrid?

⑤ Uno ( ) si es adicto a Internet o si está enamorado de su página Web.

VIII. Corrija los errores en las siguientes oraciones.

① Nosotros estamos coreanos.

② María es bien de salud.

③ ¿Dónde hay en el frigorífico?

④ Los libros están de mi profesor.

⑤ Mi amigo es de buen humor.

⑥ Tengo a los hijos.

⑦ Isabel tiene abierta las ventanas.

⑧ Hacen 5 años que vivo en España.

⑨ Los chicos continúan jugar al baloncesto.

⑩ La veo sale a ella.

El CID

Rodrigo Díaz de Vivar(¿1041~1054?-Valencia, 1099) fue un caballero castellano que llegó a dominar al frente de su propia mesnada el Levante de la Península Ibérica a finales del siglo XI de forma autónoma respecto de la autoridad de rey alguno. Consiguió conquistar Valencia y estableció en esta ciudad un señorío independiente desde el 15 de junio de 1094 hasta su muerte. Se trata de una figura histórica y legendaria de la Reconquista, cuya vida inspiró el más importante ***cantar de gesta*** de la literatura española, el Cantar de Mio Cid. Ha pasado a la posteridad como El Campeador o El Cid (del árabe dialectal سيد *sīdi*, 'señor').

* Contenido extraído (y modificado) de "es.wikipedia.org/wiki/Rodrigo_Díaz_de_Vivar"

EL ARTÍCULO Y EL NOMBRE

EL ARTÍCULO

El artículo definido se refiere a un elemento en concreto.
El artículo indefinido se refiere a algo no definido o no específico.

El artículo definido		
	Masculino	Femenino
Singular	el	la
Plural	los	las

El artículo indefinido		
	Masculino	Femenino
Singular	un	una
Plural	unos	unas

El artículo definido

(el) amigo *(la) amiga*

(los) amigos *(las) amigas*

El artículo indefinido

(un) amigo *(una) amiga*

(unos) amigos *(unas) amigas*

Sólo se usa para referirse a conceptos abstractos.

El trabajo es ***lo primero.***
Nadie se da cuenta de ***lo fuertes*** que somos.

Usos del artículo definido

1	**Valor genérico**	***El hombre*** es racional. ***Las casas*** son inevitables para vivir.
2	**Valor de determinación**	***La niña*** es bonita. ***{El/ Ese} chico*** tiene mucho humor. (ese-valor afectivo)
3	**Ante los nombres de las lenguas**	***El español*** es interesante. Se suprime el artículo detrás de los verbos ***hablar, enseñar, estudiar, aprender,*** etc., lo que no ocurre si se intercala un adverbio entre el verbo y el objeto directo. Juan habla ***español.*** Juan ***habla bien el español.***

SP [preposición + nombres de las lenguas]

➡ Si el SP ejerce la función adjetival o adverbial, no aparece el artículo.

Hablo ***en español.*** [Modifica al verbo]

María asiste a *la clase* ***de español.*** [Modifica al nombre]

4 **Ante el tratamiento**

El Sr. Kim habla chino.

La Srta. Park habla bien el japonés.

Pero se elide ante un vocativo coloquial.

Señor Kim, ahora le toca cantar.

5 **Distinción de la entidad**

Expresa el equipo de fútbol.

el Barcelona ***el*** Juventud

Cf. los cazas (=los aviones de caza)

6 **Distinción de género del nombre metafórico**

José es ***(el) cabeza de familia.***

María es ***(la) cabeza de familia.***

Contracción *[a + el ➡ al] o [de + el ➡ del]*

Vamos ***al campo.*** Voy a dar el libro ***al profesor.***

Vengo ***del colegio.*** Visito *el chalet* ***del Sr. Martínez.***

Quiero ir ***al Asia.*** **[Fem.]** Creemos en *la inmortalidad* ***del alma.*** **[Fem.]**

No ocurre esta contracción cuando el artículo ya es una parte del nombre propio.

María es ***de El Salvador.*** Queremos dirigirnos ***a El Dorado.***

Usos especiales del artículo

Ante un nombre femenino que empieza con [a-] o [ha-] acentuadas, se emplea la forma masculina EL en lugar de la femenina LA.

el agua	***el A***sia	***el a***sma
el aula	***el ha***cha	***el ha***mbre

Y en cuanto al artículo indefinido, aunque se considera correcta la forma plena *una,* hoy es preferible la forma apocopada *un*. Lo mismo ocurre con *alguno* y *ninguno.* Pero otros adjetivos determinativos deben ir en femenino.

{un/ una} águila	***ningún a***ve
{un/ una} hacha	***ningún ha***cha
algún águila	*Cf.* ***esta a***ve
algún hacha	*Cf.* ***aquella ha***cha

Esta regla no se aplica a la forma plural.

{las/ unas} águilas	***{las/ unas} ha***chas
{las/ unas} aves	***algunas á***guilas

Tampoco se aplica esta regla en los siguientes casos.

1 Mucho y Todo	***mucha*** hambre, ***toda el*** agua, ***toda el*** alma
2 Nombre propio o apellido/ el alfabeto.	***la Ana*** de ayer, ***la Álvarez, la a, la hache***
3 Por distinguir el sexo.	***la árabe*** (cf. ***el árabe***)
4 Si existe un adjetivo ante el nombre	***la rapaz á***guila, ***la pura a***lma
5 Ante un adjetivo con ***a-*** o ***ha-*** acentuadas	***la alta*** montaña, ***la hábil*** mano

Usos del artículo indefinido

1	**Indeterminación**	Llama a la puerta ***una chica.*** ***Unos amigos*** me van a visitar.
2	**Individualización dentro de una clase o un grupo**	María es ***una española guapa.*** El nuevo Sonata es ***un buen coche.***
3	**Ejemplo prototípico entre los tipos idénticos**	Antonio es ***un militar de gran valor.*** El perro Jindo es ***un perro fiel a su amo.***
4	**Concepto numeral *UNO*** *Según el contexto, puede expresar UNO CONCRETO*	Queremos ***un rey,*** (no dos). ***Un hombre*** entró allí. Él era alto.
5	**Enfatiza el significado del nombre**	Eres ***un cabrón.*** Esta obra es ***una basura.***
6	**Con TODO, expresa el significado "*verdadero o completo*".**	Ignacio es ***todo un hombre.*** Carmen es ***toda una mujer.***
7	**Metonímicamente expresa el sentido "un hombre como-".**	Paco es ***un Nerón*** en casa. Pienso que mi sobrino es ***un Mozart.***
8	**Raramente puede expresar el sentido genérico.**	***Un hombre*** no puede hacer esto. ***Un niño*** es inocente cuando nace.

UN se convierte en UNO cuando se elide el núcleo nominal.

La casa es de ***un amigo tuyo*** *y de* ***uno mío****.*

Tengo ***dos ordenadores viejos*** *y* ***uno nuevo****.*

EL NOMBRE

El **nombre** es la designación que se le da a una persona, animal, cosa o concepto tangible o intangible, concreto o abstracto, para distinguirlo de otros.

Funciones del nombre en la oración

Sujeto	***Juan* viene** a casa.
Objeto directo	Ella **ama a *Juan.***
Complemento de un adjetivo	Ella está ***enamorada de Juan.***
Complemento de una preposición	Ella va de compras ***con Juan.***

El nombre y la oración subordinada nominal

Me alegra ***su regreso.*** Me alegra ***que él haya regresado.***

El nombre y el adjetivo

Los dos tienen muchos rasgos comunes (número, género, etc.). Sólo es posible su distinción mediante el contexto cuando se trata de "origen, etnia o país"

Los pisos coreanos son lujosos. (adj.)

Los coreanos son aplicados. (nombre)

Género del nombre

Cada nombre tiene género masculino o femenino (No tiene el género neutro).

Y el género no se manifiesta en su forma. Sin embargo, muchos nombres que terminan en –o son masculinos mientras que los que terminan en -a son femeninos. (También hay excepciones: día(+masc.), mano(+fem.), etc.)

El género neutro se presenta en la sustantivación de los adjetivos *(lo bueno)* y en ciertas formas pronominales *(ello, esto, etc.)*.

Terminaciones masculinas		**Terminaciones femeninas**	
-o	oro, perro	***-a***	rosa, amiga
-or	doctor, color	***-d***	salud, ciudad
-ama	drama, programa, panorama	***-z***	cruz, luz, paz
-ema	tema, poema, problema	***-za***	belleza, pobreza, tristeza
-che	coche, broche	***-ción***	emoción, estación, nación
-aje	viaje, personaje	***-sión***	admisión, pasión, pensión
		-ie	barbarie, especie, superficie
		-umbre	cumbre, legumbre

Es fácil distinguir el género de las siguientes palabras si acudimos a las formas originales.

la radio ⇦ la ***radio(difusión)*** la moto ⇦ la ***moto(cicleta)***

la foto ⇦ la ***foto(grafía)***

Formación de los nombres femeninos

-o* ➡ *-a	am***o*** ➡ am***a*** novi***o*** ➡ novi***a***	amig***o*** ➡ amig***a*** hij***o*** ➡ hij***a***
-e* ➡ *-a	president***e*** ➡ president***a***	parient***e*** ➡ parient***a***
-r, -n* ➡ *+a	docto***r*** ➡ docto***ra*** campeó***n*** ➡ campeo***na***	profeso***r*** ➡ profeso***ra*** leó***n*** ➡ leo***na***
-ey* ➡ *-eina	r***ey*** ➡ r***eina***	
-ta* ➡ *-tisa	profe***ta*** ➡ profe***tisa***	
-e, -s, -n* ➡ *-esa	duqu***e*** ➡ duqu***esa*** marqué***s*** ➡ marqu***esa*** cond***e*** ➡ cond***esa*** vizcond***e*** ➡ vizcond***esa*** baró***n*** ➡ baron***esa***	príncip***e*** ➡ princ***esa*** tigr***e*** ➡ tigr***esa***
-tor, -dor* ➡ *-triz	empera***dor*** ➡ empera***triz***	ac***tor*** ➡ ac***triz***

Sustantivos invariables en cuanto al género

Muchos nombres [+humano] tienen la misma forma para el masculino y el femenino, diferenciándose su género tan sólo por el artículo.

Nombres que terminan en –a, -í, y -n	guí***a***	idiot***a***	indígen***a***
	jove***n***	belg***a***	iraqu***í***
Nombres que terminan en –o	model***o***	soldad***o***	testig***o***
	doctorand***o***		
Nombres que terminan en –ante o -ente	comerci***ante***	estudi***ante***	comedi***ante***
	ayud***ante***	naveg***ante***	particip***ante***
	narcotrafic***ante***	oy***ente***	verane***ante***
Nombres que terminan en –ista	period***ista***	pian***ista***	dent***ista***
	ego***ista***	futbol***ista***	deport***ista***
	novel***ista***	separat***ista***	ten***ista***
Nombres que terminan en –nauta o -ita	astro***nauta***	inter***nauta***	cosmopol***ita***
Nombres compuestos	**cara***dura*	**porta***voz*	**chupa***tintas*
	guarda*espaldas*	**limpia***botas*	***correveidile***

Cambio del significado según el género

el orden	***la*** orden	***el*** pez	***la*** pez
el radio	***la*** radio	***el*** coma	***la*** coma
el cometa	***la*** cometa	***el*** capital	***la*** capital

El orden social debe estar dirigido al bien común.

Dicen que Fidel Castro está en coma.

Tratan de medir el radio de la tierra.

Las cometas vuelan alto en el cielo.

El cometa fue observado el 23 de noviembre.

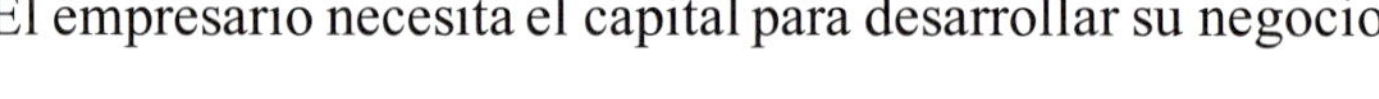

El empresario necesita el capital para desarrollar su negocio.

Distinción según el género real

hombre	mujer
papá	mamá
toro	vaca
caballo	yegua

Hay una cierta ambigüedad en la formación de algunos nombres femeninos.

el médico ➡ ***la médica/ la médico***

el poeta ➡ ***la poetisa/ la poeta***

Número del nombre

En español existen dos números: singular y plural. Los nombres contables que se refieren a un solo elemento van en singular mientras que los que se refieren a varios elementos van en plural. Los nombres no contables siempre van en singular.

Formación del nombre plural

Nombre que termina en VOCAL	+ S	cas*a* ➡ cas*as*	libr*o* ➡ libr*os*
Nombre que termina en CONSONANTE	+ ES	árbo*l* ➡ árbo*les*	pape*l* ➡ pape*les*
Nombre que termina en Z	[Z➡C] + ES	pez ➡ pe*ces*	luz ➡ lu*ces*

Nombres que terminan en VOCAL tónica

-á, -é	mamá ➡ mamá*s*	papá ➡ papá*s*	bebé ➡ bebé*s*	café ➡ café*s*
-í, -ó, -ú	ají ➡ají*es*	iraní ➡ iraní*es*	bambú ➡ bambú*es*	menú ➡ menú*es*

Nombres derivados del latín, del griego o de otras lenguas extranjeras

+ S	bistec ➡ bistec*s*	coñac ➡ coñac*s*	chalet ➡ chalet*s*	complot ➡ complot*s*
	club ➡ club*s* (o club*es*)		déficit ➡ déficit*s* (*>los déficit*)	superávit ➡ superávit*s* (*>los superávit*)

Sustantivos invariables en cuanto al número

Hay algunos sustantivos que tienen la misma forma en singular que en plural.

Nombres compuestos	**abre***botellas*	**abre***latas*	**corta***plumas*
	para*guas*	**para***caídas*	**porta***minas*
Los días de la semana terminados en –s	lunes	martes	miércoles
	jueves	viernes	
Nombres que terminan en –s	análisis	énfasis	exprés
	éxtasis	brindis	iris
	virus	atlas	botones

Sustantivos que se usan siempre en plural

Nombres de valor colectivo	los comestibles	los víveres	los enseres
Objetos compuestos de dos partes	las gafas	los anteojos	los alicates
	las tenazas	los calzoncillos	las tijeras
La cordillera o el archipiélago (*Si es sujeto, va en plural o en singular.*)	los Alpes	los Pirineos	Baleares
	Canarias		
Etc.	las tinieblas	de ***veras***	a ***tientas***

Sustantivos que se usan siempre en singular

Cualidades morales	pereza	sinceridad
Materia	oro	mármol
Ciencias	química	geografía
Etc.	cenit, nadir; este, oeste, norte, sur	
	sed, miedo, salud	

Clases del NOMBRE

Nombre común					Nombre propio
N [+contable]			N [-contable]		
N [+animado]		N [-animado]	N [+abst.]	N [-abst.]	
N [+hum.]	N [-hum.]				
hombre	caballo	casa	deseo	agua	Juan
mujer	vaca	libro	idea	aire	José
médico	rana	televisor	esperanza	leche	María
profesor	tigre	ordenador	amor	café	España
padre	perro	ventana	vergüenza	azúcar	Estados Unidos

Preparo la ***clase*** en ***casa***. ( ) ( )

Es una ***idea*** fantástica. ( )

Antonio es de ***Estados Unidos***. ( ) ( )

Nombre colectivo familia gente grupo mayoría

1. Nombre común

Un nombre común es el que designa a uno cualquiera de los seres o cosas de una clase. Y puede llevar el artículo definido o indefinido.

chico, caballo, árbol, libro, manzana, edificio, radio, etc.

hora, día, semana, año, ...

libra, gramo, kilo, ...

pulgada, metro, milla, ...

2. Nombre abstracto

Los nombres abstractos no tienen presencia física. Sólo están en nuestra mente y no se pueden ver, oler, tocar...

amabilidad, belleza, experiencia, éxito, educación, verdad,

juventud, sabiduría, consejo, felicidad, riqueza, suerte, etc.

Me interesa ***la experiencia*** de los demás.

El éxito de mi hijo es ***mi éxito***.

Esperamos ***una mejora*** en ***la educación*** de los jóvenes.

Al expresar actividad, experiencia y oportunidad concretas, un nombre abstracto puede pasar a ser nombre común.

Ella me cuenta ***sus experiencias*** de viaje por Europa.

Tenemos ***muchos éxitos*** en el mercado videográfico.

SP [Preposición + nombre abstracto] Puede modificar al nombre.

Busco ***un hombre de experiencia*** para enseñar a los alumnos.

Él es ***un político de gran importancia***.

Quiero ayudar a ***los minusválidos en dificultad.***

Detesto a ***los ciudadanos sin conciencia nacional.***

SP [Preposición + nombre abstracto] Puede ejercer la función adverbial.

Ella camina ***con elegancia.***

Los novios se casaron ***por fuerza.***

[lo + adjetivo] expresa el significado del nombre abstracto, mientras que [el/ la/ los/ las + adjetivo] representa el del nombre común.

Debes hacer interesante ***lo importante.***

Soy amable con ***los buenos.***

3. Nombre de materia

Los nombres de materia son siempre singulares y no llevan artículo indeterminado.

---

madera, cristal, seda, papel; aire, gas; agua, aceite, leche, vino;
azúcar, café, mantequilla, pan; lluvia, nieve, roca; dinero, fuego.

No podemos vivir sin ***aire*** y ***agua***.

Quiero ***pan***.

Mamá me da ***dinero*** cada día.

¿Quieres ***agua***?

Si el nombre incontable tiene el valor genérico, lleva el artículo definido.

La leche nos sirve para la salud.

1. **Expresa la cantidad** con los adjetivos antepuestos como *mucho, poco, bastante,* etc.

Mi tío bebe ***mucho vino.*** Tengo ***mucha hambre.***

Las siguientes construcciones se emplean para cuantificar el nombre incontable.

un trocito de pan	***una botella de*** aguardiente	***una hoja de*** papel
dos cucharadas de azúcar	***seis libras de*** carne	***un grano de*** maíz

Dame ***un vaso de agua.*** Inés quiere ***una botella de vino.***

El profesor tiene ***una barra de tiza*** en la mano derecha.

2. El nombre incontable puede convertirse en contable en los siguientes casos.

Clase	¿Cómo se hace ***un buen vino***?	
Cosa concreta	Las gafas son de ***dos cristales.***	¿Quieres ***una cerveza***?
Producto	Necesito ***un cristal.***	Te voy a comprar ***unos dulces.***
Evento	Hay ***un gran fuego*** ardiendo cerca de la carretera.	
	Me gusta ver ***una nieve virgen*** en la montaña.	

4. Nombre colectivo

Un **nombre colectivo es** el que denota a un conjunto de individuos.

familia, ejército, grupo, equipo, pueblo, mayoría   Cf. pueblo(aldea)-N. común

Mi familia es numerosa.

Dos familias viven en aquella casa.

Número determinado	matrimonio(2)	trío(3)		
Número indeterminado	asamblea	arboleda		
Miembros idénticos	coro	flota	teclado	colmena
Miembros no idénticos	conjunto	masa	multitud	serie

Si el nombre colectivo es sujeto de la oración copulativa, el verbo SER o ESTAR va en plural mientras que los verbos predicativos van en singular (concordancia gramatical) o en plural(concordancia semántica o silepsis).

La ***mayoría son*** alumnos.

La mayoría *(de las tiendas)* ***están abiertas*** todo el año.

La ***mayoría {tiene/ tienen}*** miedo del mar.

5. Nombre propio

Un **nombre propio es** el que designa a un ser o cosa determinada.

María, Carmen, Ignacio, Roberto, Seúl, Corea, Apolo, etc.

Cf. ***Apolo*** puede designar a *un perro, un avión, un hombre o un caballo.*

Quiero ver a ***Antonio.*** ***Inés*** va a la montaña.

N. propio ➡ N. común	Juan es ***un Nerón*** en casa. Él va a ser ***un Mozart.***
[los + N. propio]	Expresa una familia o un matrimonio.
	los Machado ***los*** Quintero ***los*** Pérez ***los*** Kim El padre de ***los Machado*** fue médico. Esta sería una buena guardería para los tres hijos de ***los Pérez.***
Producto	Quiero comprar ***un Samsung*** *con Android.*
Obra	El museo anuncia la compra de ***dos Picasso.***

La conversión del N. propio en N. común

las dos Coreas (Pluralización) la España del Siglo de Oro (División de la época)

un tal Jiménez (Indeterminación) el Luis que se marchó ayer (Singularización)

En el grupo hay ***tres Marías.*** No es mi hermano ***el Luis que se marchó ayer.***

Cf. ***{Los EE UU votaron/ Estados Unidos votó}*** en contra de la propuesta rusa.

Aumentativos y Diminutivos

Aumentativos expresan valoración negativa o tamaño grande.

-ón	hombre	hombr***ón***
-ona	mujer	mujer***ona***
	soltero,a	solter***ón,na***
	chico,ca	chicarr***ón,na***
	cabra	cabr***ón***
	preguntar	pregunt***ón,na***
	dormir	dormil***ón,na***
-aco	libro	libr***aco***, libr***acho***
-acho	rico,ca	ric***acho,cha***
	amigo	amig***acho***
-ote	caballero	caballer***ote***
-ota	cámara	camar***ote***
	cabeza	cabez***ota***

De hombre; hombrón, hombrazo, hombronazo, hombrachón.

De mujer; mujerona, mujerzaza, mujeronaza.

De grande; grandón, grandote, grandazo, grandonazo.

Algunas veces se usan por elogio, como ***hombrón***, que se suele decir por hombre de gran sabiduría**.**

-ito	hijo,ja	hij***ito,ta***
-ita	chico,ca	chiqu***ito,ta***
	chiquito,ta	chiquit***ito,ta***
	ahora	ahor***ita***
-cito	montón	monton***cito***
	padre	padre***cito***
-illo	chico,ca	chiqu***illo,lla***
-illa	escoba	escob***illa***
	cola	col***illa*** cf.coleta
	lente	lent***illa***
-ecillo	pan	pan***ecillo***
	pez	pec***ecillo***
-uelo	demonio	demoñ***uelo***
-uela	tonto,ta	tont***uelo,la***
	río	riach***uelo***

Diminutivos expresan afecto o señalan el rasgo de tamaño pequeño.

De hombre; hombrecito, hombrecico, hombrecillo, hombrezuelo.

De mujer; mujercita, mujercica, mujercilla, mujerzuela.

De chico; chiquito, chiquillo, chicuelo, chiquituelo.

De chica; chiquita, chiquilla, chicuela, chiquituela.

Despectivos expresan valoración negativa.

-arraco	pájaro	paj***arraco***
-acho	pueblo	pobl***acho***
-astro	poeta	poet***astro***

Nombres derivados

Nombres derivados se forman mediante la adición de uno o varios morfemas derivativos a un lexema.

Morfemas derivativos	*Prefijos*	sabor	**_sin_sabor**
	Sufijos	feliz	felici***dad***

Cf. Morfemas flexivos	Morfemas numerales amigo***Ø*** amigo***s***
	Conjugación verbal cant***o*** cant***as*** **...**

1. Prefijación

	anticoncepcionismo		
autobiografía	***auto***móvil	***hiper***tensión	***hipo***tensión
antibiótico	***bis***nieto	***neo***logismo	***pos(t)***guerra
concuñado	***con***suegro	***pre***historia	***ultra***derecha
contraataque	***des***ventaja	***sin***vergüenza	***super***hombre
ex presidente	***extra***terrestre	***re***nacimiento	***telé***fono
injusticia	***multi***media	***tele***diario	***tele***visión

2. Sufijación

naci***miento***	plantea***miento***	pian***ista***	violin***ista***
entr***ada***	sal***ida***	chantaj***ista***	carter***ista***
llam***ada***	part***ida***	mujer***iego***	andar***iego***
padr***astro***	madr***astra***	moned***ero***	flor***ero***
hij***astro***	herman***astro***	camion***ero***	basur***ero***
deport***ista***	futbol***ista***		

Además de los nombres derivados, existen adjetivos, adverbios y verbos derivados.

Adjetivos	***a***normal ***des***agradable	***a***gramatical ***inter***cambiable	***bi***color ***pre***maturo	***bi***lateral ***ultra***moderno
Adverbios	***a***normal***mente***		***in***dependiente***mente***	
Verbos	***contra***decir		***inter***venir	

Los nombres deverbales mantienen rasgos sintácticos y semánticos originales.

Traerá el cambio ***la llegada de los socialistas al poder.***	←Los socialistas llegan al poder.
Me expresa ***su creencia en que Corea tiene un gran futuro.***	← Él cree en que Corea tiene …
No veo razonable ***su deseo de que vayas allí.***	← Él desea que vayas allí.

Nombres compuestos

Nombres compuestos se forman mediante la unión de dos o más palabras ya existentes.

Además de los nombres compuestos, existen adjetivos compuestos, adverbios compuestos, etc.

Nombres	**abre***botellas*	**boca***mina*	**boca***calle*	**pasa***tiempo*
	traga*monedas*	**traga***luz*		
Adjetivos	**agri***dulce*	**sordo***mudo*	**boqui***abierto*	**peli***rrojo*
	paramilitar			
Adverbios	**tam***poco*		**de***prisa*	
Numerales	**dieci***séis*		**veinti***nueve*	
Pronombres	**quien***quiera*		**cual***quiera*	
Conjunción	**por***que*		**aun***que*	

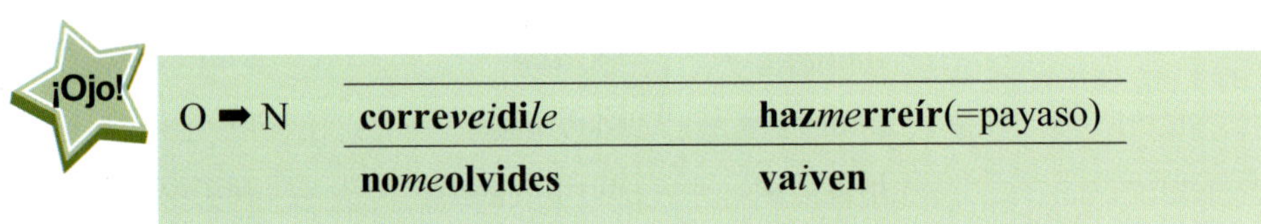

Entre las palabras compuestas son más abundantes los nombres compuestos.

Nombre compuesto = [Verbo de 3ª persona + Nombre en plural]

[abre + botellas], [caza + talentos], … *-Invariable en cuanto a género y número-*

abre*botellas*	***abre****latas*	***abre****cartas*	***apaga****incendios*	***caza****talentos*
corta*plumas*	***corta****uñas*	***cumple****años*	***espanta****moscas*	***mata****moscas*
espanta*pájaros*	***limpia****dientes*	***monda****dientes*	***guarda****espaldas*	***mata****sellos*
para*guas*	***para****caídas*	***para****choques*	***porta****minas*	***porta****aviones*
rompe*cabezas*	***rompe****corazones*	***rompe****hielos*	***rompe****nueces*	***saca****corchos*

Doble composición:
[para + brisas] ➡ parabrisas ➡ [limpia + parabrisas] ➡ limpiaparabrisas

Elisión de A durante la composición:
[para + (a)guas] ➡ paraguas [agua + (a)rdiente] ➡ aguardiente

Composición: [N + A] o [A + N]
*Blanca***nieves** **campo***santo* *ciem***piés**(=escolopendra) *vana***gloria**
[N + SP]: (hijodealgo>hijodalgo>)***hidalgo***

Parasíntesis(composición + derivación):
[pica + piedra + -ero] ➡ **pica***pedr***ero** [para + caída + -ista] ➡ **para***caid***ista**

La construcción [N(núcleo) + N(complemento)]

Esta construcción se encuentra en el medio entre la composición y la complementación.

coche *cama*	**coche** *comedor*	**curso** *puente*
hombre *araña*	**pez** *espada*	**tren** *tranvía*

1. El nombre a la derecha no es núcleo, y tampoco lleva especificador o complemento.

coche* — ***coche *cama* comodísima ***pez** dos *espadas*

2. No se trata de un fenómeno sintáctico sino de un proceso morfológico.

coche *cama* ***coche** *cine*

3. Si el segundo elemento (complemento) es nombre propio, resulta abundante la formación de estas construcciones.

la calle *Balmes*	**el juez** *Fontana*
el río *Guadalquivir*	**el señor** *Kim*
el presidente *Bush*	**el general** *Esquivas*

Cf. la calle de Balmes (*variante arcaica*)

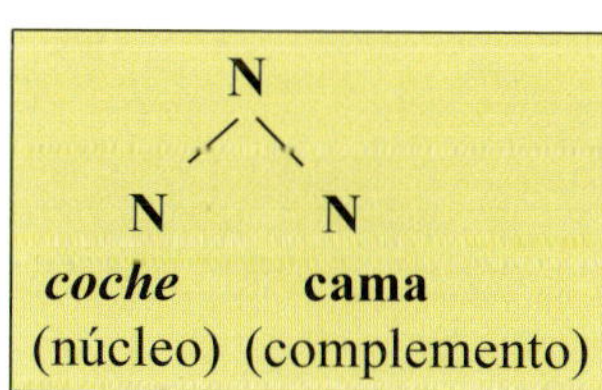

El adjetivo concuerda en género y número **con el** núcleo:
coches *cama* **cómodos.**

Tratamientos honoríficos

Hay varios tratamientos honoríficos.

1. Tratamientos que preceden a un apellido o a un nombre común:
   señor(Sr.), señora(Sra.), señorita(Srta.), etc.

El señor profesor me lo enseña.
La señorita Ramírez *me llama.*

---

2. Tratamientos relacionados con el status social ante un apellido o un nombre:
   rey, reina, infante, infanta, presidente, doctor, profesor, etc.

El presidente Bush necesita el apoyo global.
La infanta Elena es joven.
La reina doña Sofía *es muy atractiva.*

---

3. Tratamientos honoríficos que preceden al nombre: *don, doña, amigo, etc.*

Don Sancho sale a la calle.
Mi amigo Juan es un buen chico.

---

4. Tratamientos honoríficos que preceden a las personas nobles o respetadas:
   Su Majestad (rey), Su Alteza (príncipe o princesa), Su Caridad (hermana católica), Vuestra Eminencia (arzobispo, cardenal), Su Excelencia (presidente, canciller), Su Santidad (Papa), Su Señoría (diputado o juez), etc.

Dígame ***Vuestra Eminencia*** qué es lo que desea.
Escucharemos las palabras de ***Su Alteza Real*** el Principe de Asturias.
Nos complace el Mensaje de Navidad de ***Su Majestad*** el Rey Don Juan Carlos I.

Abreviaturas de los nombres propios

En el diálogo para expresar afecto se emplean los nombres abreviados, que se aplican sólo a los nombres y no a los apellidos.

Alberto	*Berto, Bertín, Tito*	Ignacio	*Nacho*
Antonio	*Toño*	Isabel	*Isa, Bel*
Beatrice	*Bice*	Isabel María	*Belmari*
Bibiana	*Bibí*	Jesús	*Chus, Chuchi (fem.)*
Carmen	*Menchu*	Josefina	*Fina*
Concepción	*Concha*	José	*Pepe*
Fernando	*Nando*	José Manuel	*Chenel*
Enrique	*Quique*	José María	*Chema (cf.José Mari)*
Francisca	*Paquita, Paca, Paqui*	José Miguel	*Chemil*
Francisco	*Paco, Fran*	Juan	*Juanito*
Juan José	*Juanjo*	Mercedes	*Merche*
Juan de Dios	*Juan de*	Pilar	*Pili*
Manuel	*Manolo*	Roberto	*Tito*
María Carmen	*Mamen*	Rosario	*Charo, Carito*
María Dolores	*Lola, Lores, Marilo*	Sebastián	*Sebas*
María Isabel	*Maribel*	Severiano	*Seve*
María José	*Mariajo; Pepa, Pepita*	Severiana	*Seve*
María Luisa	*Marisa*	Teresa	*Tere*
María Pilar	*Maripili*	Desconocido	*Chelo, Chela*
María Teresa	*Maritere*		

Algunos nombres como *Violeta* y *Víctor* no tienen formas abreviadas.

También los diminutivos se usan para expresar el afecto.

Álvaro	*Alvarito*	Juana	*Juanita*
Ana	*Anita*	Teresa	*Teresita*
Carlos	*Carlitos*		

Lección 4

Ejercicios

I. Rellene los espacios en blanco con un artículo definido o indefinido si es necesario.

① (   ) hombre es racional.

② María es (   ) mujer muy hermosa.

③ (   ) Sr. García es muy alto y guapo.

④ Se dice que ese músico es (   ) Mozart.

⑤ Estudiamos (   ) español.

⑥ (   ) inglés es la lengua universal de nuestro tiempo.

⑦ (   ) Señor Bosque, vamos a dar un paseo.

⑧ (   ) agua es fuente de vida.

⑨ Es increíble (   ) rápido que pasa el tiempo.

⑩ La señora habla bien en (   ) chino.

II. Corrija el uso incorrecto del artículo en las siguientes construcciones.

① el hambre

② la Ana de ayer

③ el buena agua

④ la panorama

⑤ el foto

⑥ toda la alma

⑦ la árabe

⑧ el alta casa

⑨ el legumbre

⑩ la moto

III. Escriba las formas femeninas de los siguientes nombres.

① guardaespaldas
② pintor
③ presidente
④ internauta
⑤ poeta
⑧ toro
⑨ actor
⑩ modelo
⑪ tigre
⑫ veraneante
⑬ rey

IV. Escriba las formas plurales de los siguientes nombres.

① pez
② café
③ abrebotellas
④ amigo
⑤ análisis
⑥ complot
⑦ martes
⑧ virus
⑨ menú
⑩ papel

V. Escriba los diminutivos de las siguientes palabras.

① hijo
② pan
③ tonto
④ ahora
⑤ palo
⑥ chica
⑦ lente
⑧ libro
⑨ cola
⑩ casa

VI. Escriba los nombres derivados de los siguientes.

① biografía
② ataque
③ ventaja
④ vergüenza
⑤ moneda
⑥ visión
⑦ piano
⑧ tensión
⑨ fútbol
⑩ guerra

VII. Descomponga los compuestos y analice sus significados.

① cumpleaños
② correveidile
③ abrebotellas
④ nomeolvides
⑤ rompecabezas
⑥ pasatiempo
⑦ paracaidista
⑧ ciempies
⑨ portaaviones
⑩ tragamonedas

VIII. Corrija los errores en las siguientes oraciones.

① Debemos cumplir el orden del oficial.
② La mayoría es alumnos.
③ Ella despierta a el niño.
④ Mario es todo el hombre.
⑤ No podemos vivir sin aires y aguas.
⑥ Ellos escuchan el radio por la noche.
⑦ Los estudiantes no entienden las explicaciones de el profesor.
⑧ Este piso es de aquel amigo y de un suyo.
⑨ Venimos del Salvador.
⑩ EE.UU. quieren establecer relaciones estables con China.

La Alhambra y el Generalife

La Alhambra es un Conjunto Monumental creado a lo largo de más de seiscientos años por culturas tan diversas como la musulmana, la renacentista o la romántica. La visión de los jardines de la Alhambra, el rumor de la brisa entre los árboles unido a los sonidos del agua, nos aíslan del ruido cotidiano; y nuestro paseo se transforma en una experiencia única.

El Generalife, construido entre los siglos XII y XIV, es el palacio utilizado por los reyes musulmanes como lugar de descanso.

En 1984 la Unesco inscribió a la Alhambra y el Generalife en la Lista de Patrimonio Mundial.

* Contenido extraído (y modificado) de http://www.entradasalhambra.com.es/?p=1

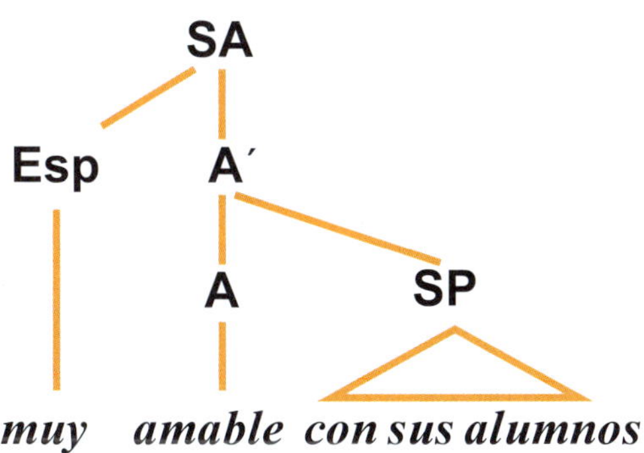

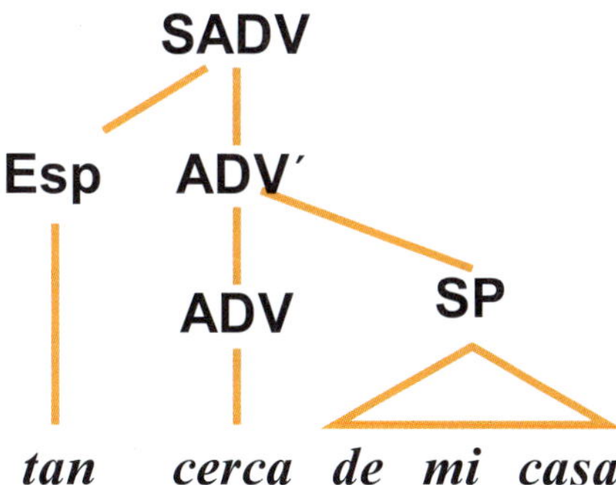

EL ADJETIVO

El adjetivo acompaña al nombre y ***concuerda con él en género y número***.
La función del adjetivo es ***caracterizar al nombre o limitar su significado***.
El adjetivo se coloca ***normalmente detrás del sustantivo***, pero pueden colocarse ***antes de él.***

Funciones del adjetivo	
Modificador del nombre	Inés es *una chica **bonita.***
Atributo del sujeto	Juan es ***alto*** y ***guapo.***
Complemento del objeto directo	Veo ***cansada*** *a Carmen.*

Pronominalización del atributo del sujeto (SA, SP)

El **atributo** se refiere al ***contenido abstracto.***
Y ***al pronominalizarse***, pasa a convertirse ***en pronombre neutro LO***.
(Esta conversión sólo es posible con ***SER, ESTAR y PARECER,***
pero ***no*** con verbos pseudocopulativos ***RESULTAR, QUEDAR***, etc.)

Tu corbata es ***bonita,*** pero esta no ***lo*** es.
Estas turistas están ***contentas***, pero aquellas no ***lo*** están.
Él está ***de buen humor,*** pero yo no ***lo*** estoy.

CONCORDANCIA DEL ADJETIVO

El adjetivo concuerda con el sustantivo ***en género y número***.

1. Adjetivos que terminan en –O:

Concordancia ***en género y número***

bonito, guapo, feo, alto, bajo, tonto, etc.	
un niño ***bonito***	unos niños ***bonitos***
una niña ***bonita***	unas niñas ***bonitas***

2. Adjetivos que terminan en otras letras:

Concordancia sólo ***en número***

difícil, fácil, azul, verde, inteligente, feliz, etc.	
un examen ***fácil***	unos exámenes ***fáciles***
una lectura ***fácil***	unas lecturas ***fáciles***

3. Adjetivos gentilicios

Designan ***el origen de una persona o de algo: país, ciudad, región, etc.***

1) Concordancia en género y número

① -O: [-o, -a, -os, -as]

mexicano, ruso, vasco, madrileño, toledano

un amigo ***coreano***	unos amigos ***coreanos***
una amiga ***coreana***	unas amigas ***coreanas***

② -otras letras: [-Ø, ***-a***, -es, ***-as***]

francés, japonés, alemán, andaluz, catalán

un chico ***español_***	unos chicos ***españoles***
una chica ***española***	unas chicas ***españolas***

2) Concordancia sólo en número:
los que terminan en ***–a,–e, -í***

estadounidense, canadiense, costarricense, nicaragüense, israelí, iraquí, marroquí, iraní, belga(Bélgica), romulense(Sevilla), complutense(Alcalá de Henares), donostiarra(San Sebastián)

un tío ***estadounidense***	unos tíos ***estadounidenses***
una tía ***estadounidense***	unas tías ***estadounidenses***

Una palabra gentilicia puede ser un adjetivo, una persona o lengua de un país.

Adjetivo	Lengua	Persona
coreano	*el coreano*	*un coreano, una coreana*
español	*el español*	*un español, una española*
inglés	*el inglés*	*un inglés, una inglesa*
francés	*el francés*	*un francés, una francesa*

Pero las personas de los países *EE UU, Canadá, Australia* y *los países latinoamericanos* tienen otra denominación que la de su lengua.

País	Lengua	Persona
México	*el español*	*un mexicano, una mexicana*
Cuba	*el español*	*un cubano, una cubana*
Chile	*el español*	*un chileno , una chilena*
EE. UU.	*el inglés*	*un estadounidense, una estadounidense*

Adjetivos invariables en género

el pájaro ***macho***
la ardilla ***macho***

el pájaro ***hembra***
la ardilla ***hembra***

el animal ***indígena***
la vida ***indígena***

el producto ***agrícola***
la producción ***agrícola***

A. determinativo
A. demostrativo
A. posesivo
A. interrogativo
A. indefinido

Posición de los adjetivos

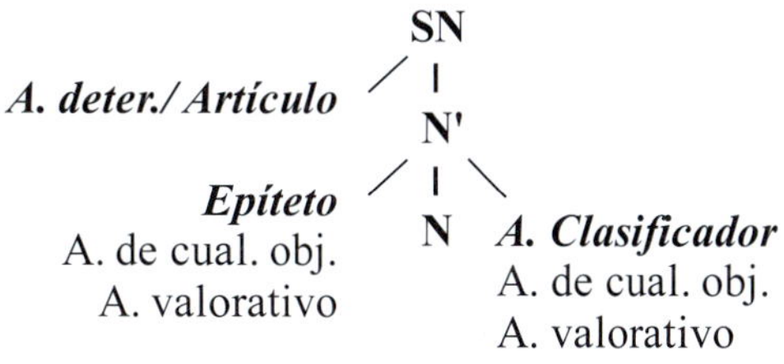

SN
A. deter./ Artículo / **N'**
Epíteto (A. de cual. obj., A. valorativo) / **N** \ ***A. Clasificador*** (A. de cual. obj., A. valorativo)

POSICIÓN DEL ADJETIVO

Generalmente se sitúa ***detrás del N*** pero ***precede a éste*** *cuando aparece* ***una O relativa***.

el amigo ***guapo*** — una casa ***bonita*** — una ***bonita*** casa ***que se ve desde ahí***

1) Adjetivo clasificador *Siempre detrás del N*

un conflicto ***político*** — un producto ***agrícola***
*un ***político*** conflicto — *un ***agrícola*** producto

2) Adjetivo de cualidad objetiva

un mapa ***detallado*** — un país ***inmenso***
un ***detallado*** mapa — un ***inmenso*** país

Comparación entre el *clasificador* y el *valorativo*

un producto ***francés*** — un combate ***naval terrible***
*un ***francés*** producto — un ***terrible*** combate ***naval***

3) Adjetivo valorativo

un error ***inmenso*** — un tío ***excepcional***
un ***inmenso*** error — un ***excepcional*** tío

Paso de adjetivo clasificador a adjetivo valorativo

el género ***dramático*** — una situación ***dramática***
*el ***dramático*** género — una ***dramática*** situación

4) Epíteto *Delante del N*

Expresa una cualidad propia del nombre.

el ***dulce*** bombón — la ***dulce*** aguamiel
un ***temible*** huracán — la ***blanca*** nieve

Ambos valores: clasificador y valorativo	
el asma ***infantil***	la actitud ***infantil***
*la ***infantil*** asma	la ***infantil*** actitud
un cuadro ***religioso***	un niño ***religioso***
*un ***religioso*** cuadro	un ***religioso*** niño

Cf. **Adj. clasificador epíteto:**
sangre ***roja,*** tinta ***negra***

Diferencias semánticas según la posición

un militar ***alto***	un ***alto*** militar
una información ***cierta***	una ***cierta*** información
la gente ***pobre***	la ***pobre*** gente
el rey ***grande***	el ***gran*** rey
ese amigo ***viejo***	ese ***viejo*** amigo
una obra ***nueva***	una ***nueva*** obra
el coche ***propio***	el ***propio*** coche
el hablante ***mismo***	el ***mismo*** hablante

Adjetivos modales: ***presunto, supuesto, ...***
- Preceden al nombre.

un ***mero*** protocolo	*un protocolo ***mero***
el ***presunto*** asesino	*el asesino ***presunto***

Uso restrictivo

Los hombres viejos duermen en casa.
=***Los hombres que son viejos*** duermen en casa.

Uso no restrictivo

Los viejos hombres duermen en casa.
=***Los hombres, que son viejos,*** duermen en casa.

ADJETIVO DETERMINATIVO

Determina la extensión de significado del N y ***siempre precede a éste.***

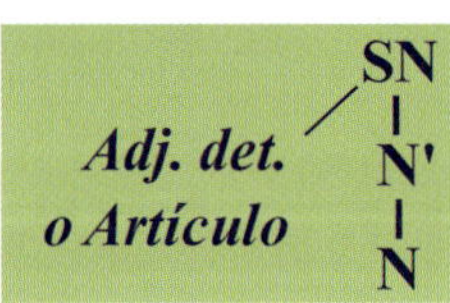

Adj. determinativo
A.demostrativo
A. posesivo
A. interrogativo
A. indefinido

1) En Espec aparece **sólo un elemento**.
este libro/ ****el este*** libro
mi libro/ ****el mi*** libro
algún hombre/ ****el algún*** hombre
¿cuántos libros...?/ ****los cuántos*** libros

2) El **cardinal** y ***OTRO*** aparecen **solos** o **acompañados del artículo**.

siete libros	***los siete*** libros
otros libros	***los otros*** libros

El sujeto en singular debe tener llena su posición de Espec.

{ El / Algún / El hermoso } niño llega aquí.
{* Niño / ***hermoso niño* *}* llega aquí.
El {mismo/ propio/ mero/ anterior/ último} niño llega aquí.
****{Mismo/ Propio/ Mero/ Anterior/ Último}*** niño llega aquí.

El cuantificador ***todo(s)*** aparece delante del SN:
todo el mundo/
todos los amigos.

APÓCOPE DEL ADJETIVO

Ante un nombre ***masculino en singular***	algunos adjetivos pierden ***[-O].*** el adjetivo ***santo*** pierde ***[-TO]*** .
Ante un nombre ***masculino o femenino***	el adjetivo ***grande*** pierde ***[-DE].***

Adj. indefinido	*un(o)*	*algun(o)*	*ningun(o)*
Núm. ordinal	*primer(o)*	*tercer(o)*	*postrer(o)*
Adj. calificativo	*buen(o)*	*gran(de)*	*san(to)*

un buen español	***ningún*** hombre
el ***primer*** día	el ***gran*** hombre
una ***buena*** española	***ninguna*** mujer
la ***primera*** clase	la ***gran*** mujer

Pero los plurales se forman a base de añadir *[-S]* a la forma sin apócope.

unos ***buenos*** españoles	unas ***buenas*** españolas
los ***primeros*** días	las ***primeras*** clases
los ***grandes*** hombres	las ***grandes*** mujeres

El adjetivo puede modificar
el pronombre indenifido detrás de él.
Quiero decirte ***algo {interesante/ infantil}.***

NOMBRES QUE FUNCIONAN COMO ADJETIVOS

Hay **nombres que funcionan como adjetivos** y éstos concuerdan sólo ***en número*** con sus núcleos nominales.

1. Nombres [+hum.]

el/la ***homicida***
el arma ***homicida***
el/la ***indígena***
la escultura ***indígena***
el/la ***hipócrita***
el hombre ***hipócrita***

2. Nombres de colores

la ***rosa***	la ***lila***
el color ***rosa***	la barra ***lila***
la ***escarlata***	*La Letra* ***Escarlata***

Cf. ***el color (de) rosa***:
La actriz tiene una vida de ***color de rosa.***

3. Nombres gentilicios

el/la ***coreano/na***	el/la ***hindú***
el pueblo ***coreano***	la filosofía ***hindú***
el/la ***andaluz/za***	el/la ***persa***
el habla ***andaluza***	el hombre ***persa***

4. Nombres que se usan como adjetivos

el/la ***agrícola***	el/la ***cosmopolita***
el producto ***agrícola***	el líder ***cosmopolita***

5. Los nombres que terminan en *–ista*

el/la ***optimista***	el/la ***pesimista***
la visión ***optimista***	la hipótesis ***pesimista***
el/la ***feminista***	el/la ***nacionalista***
la teoría ***feminista***	el partido ***nacionalista***

Pero, los ***nombres de trabajo*** que terminan en *–ista* **no ejercen la función adjetiva.**

el/la ***periodista***	el estilo ***periodístico***
el/la ***pianista***	el mundo ***pianístico***

Adjetivos que también funcionan como nombres.

blanco	el/la ***blanco/ca***	***azul***	el ***azul***
negro	el/la ***negro/gra***	***virgen***	el/la ***virgen***

Adjetivos que se componen de **[Prefijo + Nombre].**

unicolor ***bi***color ***a***fin ***im***par

Otras características del adjetivo

1. Concordancia y la modificación

Estudio ***las literaturas inglesa y francesa.***
Cf. ****las literaturas inglesas y francesas***
Nos agobia ***el problema de la política {nuevo/ nueva}.***
Esa zona está llena de ***polvo y rocas {rojos/ rojas}.***

2. La pronominalización permite al adjetivo quedar separado de su núcleo.

No hay cintas blancas, pero sí ***las*** hay ***rojas***.
Los hay ***ricos*** y ***pobres***.

3. El adjetivo puede tener su complemento.

un hijo ***dependiente de su madre***
una historia ***fácil de memorizar***
una información ***digna de llamar la atención***

Ella es ***amable conmigo.***
Ella está ***enfadada contigo.***

El niño está ***lleno de polvo.***

La montaña está ***cubierta de nieve.***

4. El significado del adjetivo cambia según el contexto.

El campo está ***verde.***	El agua está ***tibia.***
El chico está aún ***verde.***	La niña está ***tibia.***

5. El adjetivo cuya propiedad no cambia no admite los adverbios de grado.

El hombre es ***{mortal/ *muy mortal}.***
Dios es ***{inmortal/ *bastante inmortal}.***
Me gusta el producto ***{lácteo/ *muy lácteo}.***

Otras categorías que pasan a asumir la función adjetiva

1) **Unos *adverbios de tiempo*** modifican el nombre como adjetivos.

el ***entonces*** presidente — el ***ahora*** alcalde

2) El ***SP*** puede cumplir la función adjetiva.

la casa ***de madera***	los juegos ***de video***
un diálogo ***de cara a cara***	los países ***en vía de desarrollo***

ADJETIVO: PREDICADO DE LA OR

▣ ***PRO(sujeto invisible)***

El adjetivo puede aparecer como ***predicado en la Oración Reducida***.
La OR se divide en ***la argumental y la no argumental***, y ésta en dos tipos: uno cuyo sujeto (PRO) es controlado ***por el sujeto de la oración principal*** y otro cuyo sujeto (PRO) es controlado ***por el objeto de la oración principal***.

1) OR argumental (Si se elide la OR ➡ *AGRAMATICAL*)

Considero	***tonto a Juan.*** ***tonta a María.*** ***tontos a los chicos.*** ***tontas a las chicas.***

Orden: [sujeto + predicado] ⇒ [pred. + suj.].
Agramatical: [**(suj.)** + pred.] o [suj. + **(pred.)**]

2) OR no argumental (Si se elide la OR ➡ *GRAMATICAL*)

① PRO-controlado por el S de la O principal.

El niño duerme ***PRO tranquilo.***
La niña duerme ***PRO tranquila.***
Los niños duermen ***PRO tranquilos.***
Las niñas duermen ***PRO tranquilas.***

Cf. {Él / Ella} duerme
{Ellos / Ellas} duermen ***tranquilamente.***

Cf. ***Ella*** condujo su coche ***PRO* borracha.**
Ella ***condujo*** su coche ***borrachamente.***

② PRO-controlado por el O de la O principal. (Inversión del orden)

Ellos pintan **[*PRO blanca*]** ***la casa.***
[*PRO blancas*] ***las casas.***
Comemos [***PRO crudo***] ***el pescado.***

Cf. Ellos pintan ***la casa blanca.***
⇒ Ellos pintan ***la casa [PRO blanca].***
⇒ Ellos pintan ***[la casa blanca].***

Cf. Comemos ***el pescado crudo.***
⇒ Comemos ***el pescado [PRO crudo].***
⇒ Comemos ***[el pescado crudo].***

Adjetivos que representan las características o propiedades del hombre

Ellos son ...

activos.	cómicos.	honestos.	realistas.
amables.	compasivos.	mentirosos.	idealistas
antipáticos.	competentes.	indecisos.	románticos.
apasionados.	conservadores.	inteligentes.	simpáticos.
aplicados.	corteses.	liberales.	sinceros.
atléticos.	curiosos.	listos.	sociables.
atrevidos.	estrictos.	bieneducados.	sagaces.
arrogantes.	estudiosos.	maleducados.	tacaños.
avaros.	estúpidos.	optimistas.	tenaces.
brillantes.	fieles.	pesimistas.	tímidos.
capaces.	flojos.	pacientes.	tontos.
cariñosos.	francos.	impacientes.	ultrasensibles.
celosos.	generosos.	orgullosos.	vagos.
cínicos.	histéricos.	perezosos.	

¡Ojo! Nombres de los países y sus formas adjetivas

Alemania	***alemán, na***	Dinamarca	***dinamarqués, sa***
(la)Argentina	***argentino, na***	(el) Ecuador	***ecuatoriano, na***
Australia	***australiano, na***	Egipto	***egipcio, cia***
Austria	***austriaco, ca***	El Salvador	***salvadoreño, ña***
Bélgica	***belga***	España	***español, la***
Bolivia	***boliviano, na***	(los) Estados Unidos	***estadounidense***
(el) Brasil	***brasileño, ña***	las Filipinas	***filipino, na***
(el) Canadá	***canadiense***	Francia	***francés, sa***
Chile	***chileno, na***	Grecia	***griego, ga***
(la) China	***chino, na***	Guatemala	***guatemalteco, ca***
Colombia	***colombiano, na***	Honduras	***hondureño, ña***
Corea del Sur	***surcoreano, na***	India	***indio,a/ hindú***
Corea del Norte	***norcoreano, na***	Indonesia	***indonesio, sia***
Costa Rica	***costarricense****(-queño)*	Inglaterra	***inglés, sa***
Cuba	***cubano, na***	Irak	***iraquí***

Irán	***iraní***	Portugal	***portugués, sa***
Irlanda	***irlandés, sa***	Puerto Rico	***puertorriqueño, ña***
Islandia	***islandés, sa***		***(portorriqueño, ña)***
Italia	***italiano, na***	***(la) República Dominicana***	
(el) Japón	***japonés, sa***		***dominicano, na***
(la) Libia	***libio, bia***	Rumania	***rumano, na***
México	***mexicano, na***	Rusia	***ruso, sa***
Nicaragua	***nicaragüense***	Suecia	***sueco, ca***
Pakistán	***paquistaní***	Suiza	***suizo, za***
Panamá	***panameño, ña***	(el) Uruguay	***uruguayo, ya***
(el) Paraguay	***paraguayo, ya***	Venezuela	***venezolano, na***
(el) Perú	***peruano, na***		
Polonia	***polaco, ca***		

La palabra ***indio*** es polisémica y
puede referirse a un ***habitante nativo de la India*** y al ***poblador nativo de América***.
Para evitar la confusión se usa "indios de India" o "hindúes".

EL ADVERBIO

El adverbio es la palabra ***invariable*** que ***modifica al verbo, al adjetivo, a otro adverbio, etc.***

1. Adverbios de tiempo

ahora	ayer	anteayer	hoy	mañana	pasado mañana
anoche	entonces	siempre	recién	tarde	temprano
aún	todavía	ya	antes	después	luego

2. Adverbios de lugar

aquí	ahí	allí	allá	acá	arriba
abajo	afuera	fuera	adentro	delante	adelante
atrás	debajo	encima	enfrente	alrededor	

3. Adverbios de cantidad

algo	mucho	demasiado	todo	mitad	bastante
tan	tanto	poco	nada	muy	casi

4. Adverbios de modo

bien	así
mal	casi
lento	despacio
deprisa	rápido

5. Adverbios de afirmación

sí	también	justo
claro	exacto	perfecto

6. Adverbios de negación

no	jamás	siquiera
nunca	tampoco	

7. Adverbios de duda

acaso	quizás
tal vez	quizá

ADVERBIOS EN -MENTE

[Forma femenina del adjetivo + -mente]
Conserva su acentuación original: ***fácil***mente.

1) [-O ➡ -A] + -mente

rápido → rápid***amente***	lento → lent***amente***
just***amente***	bonísim***amente***
buen***amente***	óptim***amente***

2) [-otra letra] + -mente

alegre → alegre***mente***	feliz → feliz***mente***
mejor***mente***	interior***mente***
peor***mente***	exterior***mente***

Cuando más de dos adverbios en ***"-mente"*** aparecen juntos, ***sólo el último lleva este sufijo*** y los demás van en la ***forma femenina*** del adjetivo.

Debes respirar ***profunda y pausadamente***.
Quiero reflexionar ***larga y seriamente*** sobre mi futuro.

SP [con + nombre abstracto]
-Ejerce la función adverbial.

con **mucha** alegría	= **muy** alegre**mente**
con **mucho** cariño	= **muy** cariños**amente**
con felicidad	= feliz**mente**
con dificultad	= difícil**mente**

con alegría	= alegre**mente**
con cariño	= cariños**amente**
con cuidado	= cuidados**amente**
con facilidad	= fácil**mente**
con tranquilidad	= tranquil**amente**

Otros SSPP que ejercen la función adverbial

sobre todo	= especial**mente**
por último	= últim**amente**
para siempre	= etern**amente**

ante todo	= primero
al fin/ en fin/ por fin	= final**mente**
de repente	= repentin**amente**

Los **adverbios en -mente** ***no*** son compatibles ***con los verbos estativos(saber, conocer, etc.)***

José ***sabe la historia.***
*José ***sabe*** la historia ***cuidadosamente.***

Juan ***mide un metro setenta.***
*Juan ***mide*** un metro setenta ***cuidadosamente.***
Cf. Juan ***mide*** la mesa ***cuidadosamente.***

Inés ***pesa sesenta y cinco kilos.***
*Inés ***pesa*** sesenta y cinco kilos ***cuidadosamente.***
Cf. Inés *pesa* el paquete *cuidadosamente*.

Transcategorización del adjetivo al adverbio	María escribe ***pausado.*** La Srta. Park habla {***alto/ fuerte***}. El tambor suena {***claro/ horrible***}. Quiero trabajar ***duro***.

FUNCIONES DEL ADVERBIO

1. Modifica al verbo.	María ***estudia mucho.***
2. Modifica al adjetivo.	María no es ***muy*** simpática.
3. Modifica al otro adverbio.	María canta ***muy bien.***
4. Modifica a la O entera.	***Afortunadamente*** mi hijo no tiene examen hoy.

El ADV puede asumir casi todas las funciones gramaticales.

Modificador del nombre	el ***entonces*** rector	
Núcleo nominal	el ***ayer***	el ***ahora***
Modificador del cuantificador	en ***casi*** una hora	
Compl. del SP regido por el V	Hablaban de ***ayer.***	Pensamos en ***ahí.***
Sujeto de la O copulativa	***Hoy*** es viernes.	
Atributo de la O copulativa	***Así*** es la vida.	María está ***bien.***
Sujeto de la OR	Considero ***aquí*** centro de la vida cultural.	
Argumento adverbial del V	Inés viste ***elegantemente.***	Ana se porta ***bien***.

ADVERBIO & SV

1. Adverbios fuera del SV (Adverbios salvo los de modo-los de tiempo, de lugar, de acompañamiento)	**2. Adverbios dentro del SV (Adverbios de modo)** -bien, mal, tarde, etc. - Si se sitúan fuera del SV, la O resulta agramatical.
Ahora María estudia en casa. María ***ahora*** estudia en casa. María estudia ***ahora*** en casa María estudia en casa ***ahora.***	Juan *[habla **bien** el español].* Juan *[habla español **bien**].* *Juan ***bien*** *[habla español].* ****Bien*** Juan *[habla español].*

Los adverbios oracionales que modifican a la oración entera expresan el juicio del hablante sobre el contenido total de la oración: ***Afortunadamente*** mi hijo aprobó el examen.

Adverbios que funcionan ***como adverbio oracional y como el de modo***.

Lógicamente, él no contestó a la pregunta. (Adv. oracional)
Él no contestó a la pregunta ***lógicamente.*** (Adv. de modo)
Lógicamente, Juan no contestó a la pregunta ***lógicamente.***

Los adverbios que ***modifican a varias categorías: sólo, solamente, hasta, no, etc.***

Modifica	**al nombre**	***[Sólo [Antonio]]*** entró en esa sala.
	al verbo	Antonio ***[sólo [entró]]*** en esa sala.
	al SP	Antonio entró ***[sólo [en esa sala]].***
	al cuantificador	***[No [todos]]*** *los días* son iguales.

Lección 5

Ejercicios

I. Rellene los espacios en blanco con las formas adecuadas.

① los chicos (   ) (coreano)

② unas lecturas (   ) (fácil)

③ las teorías (   ) (feminista)

④ las niñas (   ) (español)

⑤ los soldados (   ) (iraquí)

⑥ un (   ) tío (bueno)

⑦ la tía (   ) (estadounidense)

⑧ los animales (   ) (indígena)

⑨ las ardillas (   ) (macho)

⑩ una (   ) mujer (grande)

⑪ Las guías están (   ). (contento)

⑫ Ellos llegan a casa (   ). (cansado)

⑬ Ella considera (   ) a sus amigas. (tonto)

⑭ Comemos (   ) el pescado. (crudo)

⑮ Las muchachas están (   ). (de buen humor)

II. Corrija las formas incorrectas del adverbio o del SP (sintagma preposicional).

① elegantemente

② efectivomente

③ felizmente

④ con muy dificultad

⑤ con gran cariño

⑥ dificilmente

⑦ guapísimamente

⑧ mejoramente

⑨ mucha amablemente

⑩ muy fácilmente

III. Corrija las formas incorrectas entre las siguientes frases.

① una amiga inteligente
② un gran piso
③ un coreano producto
④ la cruel guerra
⑤ un hombre gordo
⑥ una dramática situación
⑦ la blanca nieve
⑧ la infantil asma
⑨ un excepcional chico
⑩ el dramático género
⑪ este mi amigo
⑫ los siete alumnos

IV. Explique la diferencia entre las dos construcciones u oraciones.

① una noticia cierta
una cierta noticia
② la mujer pobre
la pobre mujer
③ una casa nueva
una nueva casa
④ el presidente mismo
el mismo presidente
⑤ los amigos viejos
los viejos amigos
⑥ Los chicos están aún verdes.
Ya está verde el campo que se ve a través de la ventana.
⑦ Aquellos hombres están tibios.
Está tibio el café que acaba de entregarme.

V. Corrija los errores en las siguientes oraciones.

① Las niñas están lleno de polvo.
② El ser humano es muy mortal.
③ Juan habla cariñoso y fuertemente.

④ Los niños duermen tranquilo en su cuarto.

⑤ Tus maletas son bonitas, pero éstas no las son.

⑥ José sabe la historia cuidadosamente.

⑦ Éstas son historias fácil de memorizar.

⑧ Bien Juan habla español.

⑨ Juan mide un metro setenta y ocho muy bien.

⑩ Juan limpia los zapatos en el patio cuidadosamente con un paño hoy.

Santiago de Compostela

Santiago de Compostela es una ciudad y municipio de España, situada en la provincia de La Coruña, siendo la capital de la Comunidad Autónoma de Galicia desde 1982. La ciudad antigua es Patrimonio de la Humanidad por la Unesco desde 1985. Destaca por ser un importante núcleo de peregrinación cristiana, tras Jerusalén y Roma, debido a la creencia de que allí se dio sepultura al Apóstol Santiago. De especial importancia artística es su Catedral dedicada precisamente al Apóstol Santiago. Es también relevante su Universidad, de más de 500 años de historia.

* Contenido extraído (y modificado) de "www.elateneo.es/noticias/show/2010-05-04 "

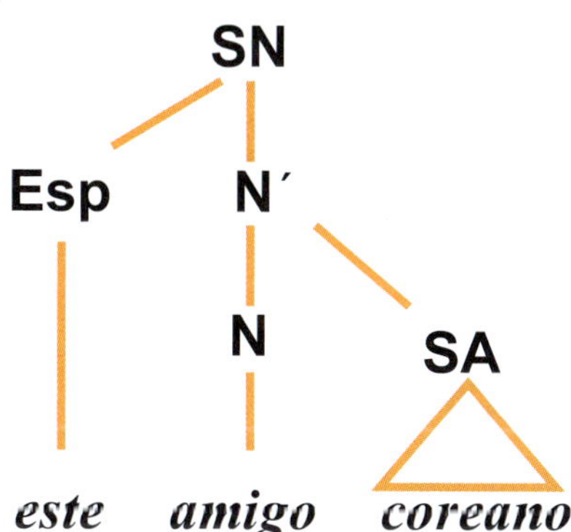

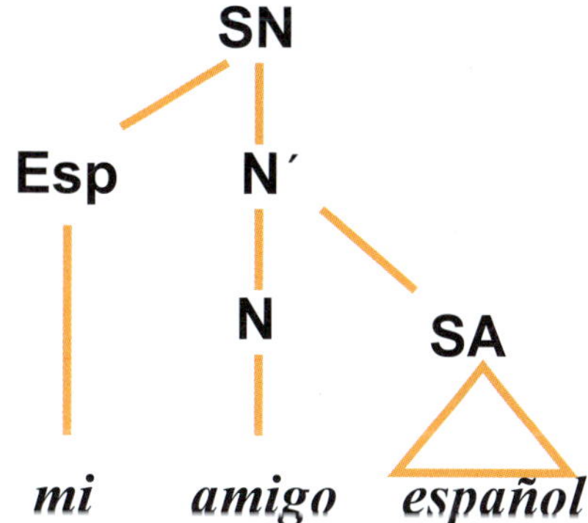

LOS DEMOSTRATIVOS

Los **demostrativos** indican ***proximidad o lejanía*** con respecto al que habla.
Se usan ***como adjetivos y como sustantivos***, y en este último caso se escribe con acento cuando existe riesgo de anfibología. Los pronombres demostrativos neutros no se acentúan, puesto que no pueden confundirse con adjetivos.

Dist.\Gén.	Masculino	Femenino	Neutro
Cercanía	*este* *estos*	*esta* *estas*	*esto*
Distancia media	*ese* *esos*	*esa* *esas*	*eso*
Lejanía	*aquel* *aquellos*	*aquella* *aquellas*	*aquello*

Los adjetivos demostrativos

Aparecen en la posición Espec del SN, pero ***nunca con otros determinantes*** como el artículo, el posesivo, el indefinido, el interrogativo, etc.

este amigo	****el este*** amigo
esa mesa	* ***mi esa*** mesa

ADJETIVOS DEMOSTRATIVOS & PRONOMBRES DEMOSTRATIVOS

este libro	➡ ***este, éste***	***esta*** casa	➡ ***esta, ésta***
estos libros	➡ ***estos, éstos***	***estas*** casas	➡ ***estas, ésta***s

ese amigo	➡ ***ese, ése***	***esa*** amiga	➡ ***esa, ésa***
esos amigos	➡ ***esos, ésos***	***esas*** amigas	➡ ***esas, ésas***

aquel árbol	➡ ***aquel, aquél***	***aquella*** ave	➡ ***aquella, aquélla***
aquellos árboles	➡ ***aquellos, aquéllos***	***aquellas*** aves	➡ ***aquellas, aquéllas***

Me regaló ***{este/ ese/ aquel} libro.***

Me regaló ***el libro*** **{este/ ese/ aquel}.** (Se usa poco.)

{Estas chicas/ Estas} son guapas.

El pronombre demostrativo

Puede referirse ***tanto a cosas como a personas.*** Pero al referirse a personas, es preferible usarlo sólo cuando se trata de *una persona íntima.*

¿Quién es ***{esa/ esa señora}***?
-{Esta/ Esta señora} es la tía de José.
Aquellos van en coche a un concierto.

Cuando hay ***ambigüedad***, el pronombre demostrativo debe llevar el acento.

la relación entre ***estos y aquellos*** que lo saben.
la relación entre ***éstos*** y ***aquellos que lo saben.***

Me han contado de ***este y aquel jugador.*** (Idéntica profesión)
Me han contado de ***éste*** y ***aquel jugador***. (Distinta profesión)

¿Son ***aquellos hombres*** violentos?
¿Son ***aquéllos*** hombres violentos?

Los demostrativos aparecen solos cuando su núcleo nominal está elidido.

Este libro de María y ***aquel*** de Juan son de gran valor.
No he visto la serie, pero ***aquellos*** que me han comentado sobre ella lo han señalado.

Los pronombres neutros ***esto, eso*** y ***aquello*** son invariables.

前　者		後　者	
Lejos de la O segunda.		*Cerca de la O segunda.*	
aquél	**aquélla**	**éste**	**ésta**
aquéllos	**aquéllas**	**éstos**	**éstas**

Eso es mentira.
¿Cuánto vale ***esto***?
-***Esa*** cuesta cien euros.
(=esa corbata)

María enseña español a ***unos coreanos***. ***Estos*** son jóvenes, pero ***aquella*** es vieja.
Los profesores le dan ***a Antonio*** muchos libros. ***Aquellos*** son muy generosos y ***este*** es muy aplicado.

LOS POSESIVOS

Los **posesivos** expresan que un ser u objeto pertenece a uno o varios poseedores.
Los adjetivos posesivos concuerdan ***en género y número con el nombre***.

	Adjetivo posesivo				Pronombre posesivo	
	Antepuesto		Pospuesto		Artículo + Adjetivo pospuesto	
1	**mi**	**nuestro**	**mío**	**nuestro**	**el mío**	**el nuestro**
2	**tu**	**vuestro**	**tuyo**	**vuestro**	**el tuyo**	**el vuestro**
3	**su**	**su**	**suyo**	**suyo**	**el suyo**	**el suyo**

Las formas ***su*** y ***suyo*** tienen ***6 significados*** respectivamente.

su casa / la casa ***suya*** ➡ la casa ***de {él/ ella/ usted/ ellos/ ellas/ ustedes}***
sus casas / las casas ***suyas*** ➡ las casas ***de {él/ ella/ usted/ ellos/ ellas/ ustedes}***

Para evitar la ambigüedad, puede emplearse ***la duplicación [de + pronombre]***

su hijo ***de {usted/ ustedes/ él, ...}*** (Recientemente se aplica sólo a ***Ud.*** y ***Uds.***)

El pronombre posesivo neutro: ***[artículo neutro LO + adj. pos. pospuesto].***

Lo nuestro está en casa. No quiero ***lo tuyo***.

FORMACIÓN DE LOS PRONOMBRES POSESIVOS

mi amigo	***el*** amigo ***mío***	➡	**el mío**
mi amiga	***la*** amiga ***mía***	➡	**la mía**
mis amigos	***los*** amigos ***míos***	➡	**los míos**
mis amigas	***las*** amigas ***mías***	➡	**las mías**

tu amigo	***el*** amigo ***tuyo***	➡	**el tuyo**
tu amiga	***la*** amiga ***tuya***	➡	**la tuya**
tus amigos	***los*** amigos ***tuyos***	➡	**los tuyos**
tus amigas	***las*** amigas ***tuyas***	➡	**las tuyas**

su amigo	***el*** amigo ***suyo***	➡	**el suyo**
su amiga	***la*** amiga ***suya***	➡	**la suya**
sus amigos	***los*** amigos ***suyos***	➡	**los suyos**
sus amigas	***las*** amigas ***suyas***	➡	**las suyas**

Transforme las oraciones, como en el modelo:

Ignacio tiene un piso grande.
➡ ***Su piso es grande.***

Tengo una moto nueva.
➡
Tienes una pluma bonita.
➡
Tenemos un piso caro.
➡
Tienes un tío alto.
➡

Tenemos casas grandes.
➡
Tenéis unos amigos simpáticos.
➡
Tienen unas habitaciones soleadas.
➡
Usted tiene un jardín muy bonito.
➡
Tienes vestidos elegantes.
➡

Este piso es suyo.
➡ *Este es el suyo.*

Estas zapatillas son tuyas.

➡

Aquellas llaves son vuestras.

➡

Ese perro gigante es suyo.

➡

Esos libros interesantes son míos.

➡

USOS DE LOS POSESIVOS

1. El adjetivo posesivo generalmente va ***antepuesto*** al nombre, pero a veces va ***pospuesto***.

Mi amigo me va a visitar.
Tus padres viven en Seúl.
Hay mucho que leer en ***esta obra mía***.

2. El adjetivo posesivo va ***pospuesto*** al N en el ***vocativo*** o en la ***O exclamativa***.

Amor mío, ¿vienes a verme?
Bueno, ***hija mía,*** me voy.
¡***Dios mío***! / ¡***Madre mía***!

3. Si el adjetivo posesivo es ***atributo***, se usa la forma ***pospuesta***.

La mitad del dinero es ***tuya***.
¿De quién es esta cazadora? -Es ***mía***.

4. El pronombre posesivo se refiere a ***un referente anterior*** o ***antecedente***.

¿Dónde está su ***libro***? -***El mío*** está en la mesa.
¿En qué ***coche*** vamos? -En ***el suyo***.
El coche de María es más nuevo que ***el nuestro***.
Los dos vídeos son buenos, pero ***el tuyo*** es mejor

5. En la ***O reflexiva*** o en la O en que aparece el ***dativo ético***, a pesar del sentido de posesión, ***no*** aparece el ***adjetivo posesivo*** sino el ***artículo definido.***

Me voy a ***quitar {el/ *mi} sombrero.***
Te dejo ***la camisa*** en el otro cuarto.
(=Dejo tu camisa en el otro cuarto.)

Inés ***me*** mira ***la mano***. (=Inés mira mi mano.)
Me robaron ***{el/ *mi} coche.*** (=Robaron mi coche.)

El uso del *adjetivo posesivo- muy restringido.*
Su uso es superfluo y
en su lugar se usa *el artículo definido.*

He dejado [***mi*** mochila ➡ ***la mochila***] en la escuela.
Ella saca [***su*** monedero ➡ ***el monedero***] del bolsillo.

El *uso de los pronombres reflexivos - más preferible.*

Me he dejado ***la mochila*** en la escuela.
Ella ***se*** saca ***el monedero*** del bolsillo.

TODO, CADA, CUALQUIERA, ETC.

1. TODO

En singular aparece ***con o sin el artículo***, pero ***en plural siempre con él.***

Todo (el) hombre	***Toda (la)*** mujer
Todos los hombres	**Todos* hombres

Genérico

Todos los hombres son mortales.
(=***Todo hombre*** es mortal.)
Todo libro es útil.

Específico

Todos te admiran.(los que te conocen)
Todos los libros son interesantes.(todos aquellos libros)
Todo el libro tiene un interés pedagógico.(el libro total)

¡Ojo!

TODO EL MUNDO

Todo el mundo tiene un secreto.
(=toda la gente)
Estos chocolates se exportan a ***todo el mundo***.
(=todo el globo)

Negación parcial:
NO TODO ..., NO TODOS ...

No todo el mundo tiene el mismo interés.
No todos los días son iguales.

2. AMBOS (2) & SENDOS (más de 2)

Se refieren tanto a personas como a cosas.

Ambas alumnas se portan bien.
Ambos tienen algo en común.
El rey y el príncipe han enviado ***sendos mensajes de ánimo*** a la selección española.

3. CADA *Cada alumno* lleva sus libros. Cf. *cada el alumno
Cada ciudadano escoge libremente su residencia.
Los contenidos son renovados *cada siete días*.

TODO & CADA

La familia va a misa	***todos los domingos.*** (Repetición) ***cada domingo.*** (Repetición con cambio)

4. CUALQUIERA

Es invariable en género.
Cualquier (ante el nombre) *Cualquiera* (detrás del nombre)
Cualesquiera hoy se usa sólo en textos formales.

Para la mujer, ***cualquier hombre*** es machista. Cf. *cualquier el hombre
Cualquier niño puede hacer ***cualquier cosa.***
Cualesquiera *que sean tus tristezas,* elimínalas.

Lección 6
Ejercicios

I. Rellene los espacios en blanco con las formas adecuadas.

① Vamos a usar (   ) colores. (este)

② (   ) lecturas son fáciles de leer. (ese)

③ Quiero comprar (   ) zapatillas. (aquel)

④ ¡Qué pájaro más grande! ¿Ves? (   ). (aquel)

⑤ No sé. (   ) no va bien con tu camisa. (este-corbata)

⑥ ¿(   ) es tu coche? (este)

⑦ Si quiere algo especial le puedo recomendar (   ) rosas. (aquel)

⑧ Allí va mi hermana. Es (   ), la chica morena. (aquel)

⑨ Estos libros son caros, pero (   ) no lo son. (ese)

⑩ (   ) es mi novia Ana. (este)

⑪ Ana les da a ellos un regalo. (   ) es belga y (   ) son de Rusia.

⑫ Las chicas van allí con sus padres. (   ) son viejos, pero (   ) son jóvenes.

II. Rellene los espacios en blanco con las formas adecuadas.

① Voy a llevar a (   ) alumnos a la escuela. (mi)

② El alumno tiene muchos libros (   ). (suyo)

③ La victoria es (   ). (suyo)

④ Quieres enlazar tu página con la (   ). (mío)

⑤ ¿En qué coche vamos? -En el (   ). (tuyo)

⑥ No dejo los (   ) a nadie. (mío)

⑦ No me gustan nada (   ) ideas. (tu)

⑧ ¿Dónde has puesto (   )? (pron. posesivo-tus lápices)

⑨ ¿Me puede prestar (   ) bolígrafo? (adj. posesivo)

⑩ (   ) ascensor no funciona. (adj. posesivo-1ª persona plural)

⑪ ¿Cómo se llama (   ) nuevo profesor de inglés? (adj. pos.-2ª pers. plural)

⑫ (   ) clientes están muy contentos del servicio. (adj. pos.-1ª pers. plural)

⑬ ¿Dónde trabaja (   ) padre? (adj. pos.-2ª persona plural)

⑭ ¿Ustedes ya tienen reservadas (   ) habitaciones? (adj. pos.-3ª pers. plural)

III. Corrija las formas incorrectas.

① mi amigo

② el amigo tuyo

③ mi este amigo

④ las amigas mías

⑤ la nuestra amiga

⑥ la casa de Ignacio

⑦ el suyo edificio

⑧ lo tuyo

⑨ el coche de ellos

⑩ los tus padres

IV. Explique los significados exactos de todo, cada y cualquiera.

① Todos los hombres son mortales.

② Cualquier hombre puede llegar a ser feliz con una mujer.

③ Cada ciudadano tiene derecho a escoger libremente su residencia.

④ Todo el mundo tiene derecho a defenderse.

⑤ Más de la quinta parte de los adultos de todo el mundo son analfabetos.

⑥ No todo el mundo tiene ganas de ir a un gimnasio.

V. Corrija los errores en las siguientes oraciones.

① Esta ropa es cara, pero aquel es barata.

② Este lápiz de Ana y esa de Mario son bonitos.

③ Tú piso es más grande que el mi.

④ Lo aquel está en la escuela.

⑤ El doctor se quita sus guantes.

Muralla de Ávila

La Muralla de Ávila es una cerca militar románica que rodea el casco antiguo de la ciudad de Ávila, de la provincia homónima, de la comunidad autónoma de Castilla y León, en España.

En la actualidad, el casco antiguo, la muralla y las iglesias situadas extramuros han sido declaradas Patrimonio de la Humanidad.

* Contenido extraído (y modificado) de "es.wikipedia.org/wiki/Muralla_de_Ávila"

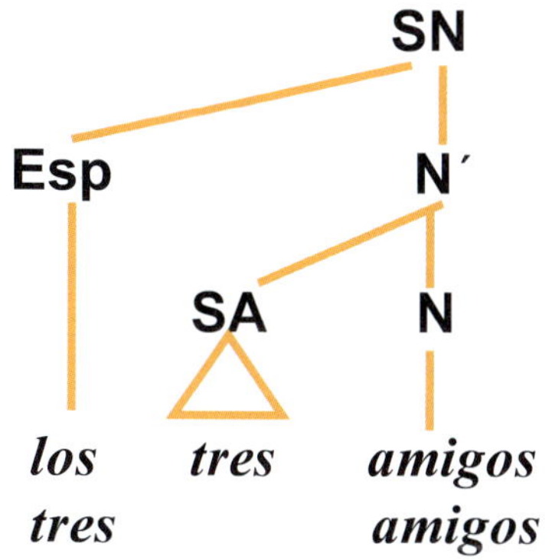

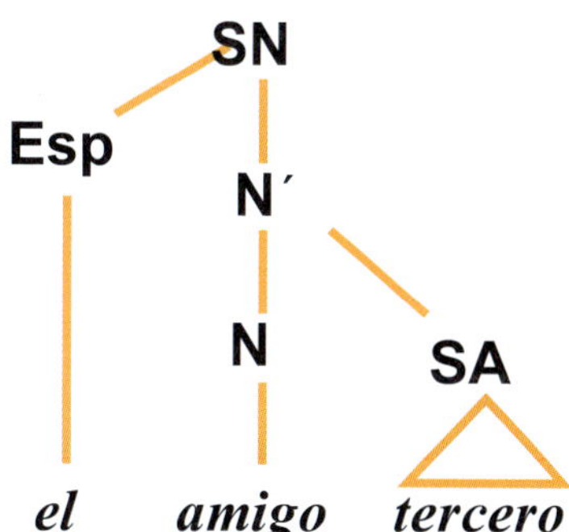

NUMERALES CARDINALES

Los ***cardinales*** expresan ***cantidad*** en relación con la serie de los números naturales.

NUMERALES ORDINALES

Los ***ordinales*** expresan ***orden*** en relación con los números naturales e ***indican el lugar*** que ocupa, dentro de una serie ordenada, el elemento al que se refieren.

cero	0	-	1.º
uno, na; un	1	**primero**	2.º
dos	2	**segundo**	3.º
tres	3	**tercero**	...
cuatro	4	**cuarto**	
cinco	5	**quinto**	
seis	6	**sexto**	
siete	7	**séptimo(sétimo)**	
ocho	8	**octavo**	
nueve	9	**noveno**	

diez	10	**décimo**	10.º
once	11	**undécimo**	11.º
doce	12	**duodécimo**	12.º
trece	13	decimotercero(-tercio)	...
catorce	14	decimocuarto	
quince	15	decimoquinto	
dieciséis	16	decimosexto	
diecisiete	17	decimoséptimo	
dieciocho	18	decimoctavo	
diecinueve	19	decimonono(-noveno)	

veinte	20	vigésimo	20.º
veintiuno	21	vigésimo primero	21.º
veintidós	22	vigésimo segundo	22.º
veintitrés	23	vigésimo tercero	...
veinticuatro	24	vigésimo cuarto	
veinticinco	25	vigésimo quinto	
veintiséis	26	vigésimo sexto	
veintisiete	27	vigésimo séptimo	
veintiocho	28	vigésimo octavo	
veintinueve	29	vigésimo noveno	

treinta	30	trigésimo	30.º
treinta y uno	31	trigésimo primero	31.º
treinta y dos	32	trigésimo segundo	32.º

Hasta ***cien****, se forman con ayuda de la conjunción "y".*

cuarenta	40	cuadragésimo	40.º
cincuenta	50	quincuagésimo	50.º
sesenta	60	sexagésimo	60.º
setenta	70	septuagésimo	...
ochenta	80	octogésimo	
noventa	90	nonagésimo	

16-29

dieciséis / ?diez y seis *(forma anticuada)*
..., veintidós, veintitrés, ..., veintiséis, ...
cf. dos, tres, seis (palabras monosílabas)
veintinueve/ ?veinte y nueve *(forma anticuada)*

cien(to)	100	centésimo	100.º
doscientos	200	ducentésimo	200.º
trescientos	300	tricentésimo	300.º
cuatrocientos	400	cuadrigentésimo	...
quinientos	500	quingentésimo	
seiscientos	600	sexcentésimo	
setecientos	700	septingentésimo	
ochocientos	800	octingentésimo	
novecientos	900	noningentésimo	

2000	dos mil
3000	tres mil
20 000	veinte mil
30 000	treinta mil
200 000	doscientos mil
300 000	trescientos mil
2 000 000	dos millones
3 000 000	tres millones
10 000 000	diez millones
100 000 000	cien millones
200 000 000	doscientos millones

mil	1000	milésimo	1000.º
diez mil	10 000	diezmilésimo	10 000.º
cien mil	100 000	cienmilésimo	...
un millón	1 000 000	millonésimo	

※ **un billón : 1 000 000 000 000**

NUMERALES CARDINALES

Expresan la ***cantidad*** de objetos designados por el nombre al que acompañan y suelen aparecer ***delante del sustantivo (cuatro casas)***, salvo cuando van tras el pronombre personal(***Nosotros dos*** *lo haremos*).

6 7 8 6 5 7 3 5 7 ↘millones ↘mil	seiscientos setenta y ocho ***millones*** seiscientos cincuenta y siete ***mil*** trescientos cincuenta y siete.

[número bajo + número alto] ➡ x	***dos mil*** ➡ 2000 (2 x 1000) ***novecientos mil*** ➡ 900, 000 (900 x 1000)
[número alto + número bajo] ➡ +	***mil dos*** ➡ 1002 (1000 + 2) ***mil novecientos*** ➡ 1900 (1000 + 900)

Acentuación	**siete**	**siete mil (*Siete* pierde su acento)**

Norma internacional	ESPACIO	*200 000*
	COMA	*25,5*

Uso vigente	PUNTO	200.000	España, Europa, etc.
	COMA	200,000	Países de habla inglesa, Corea,
	PUNTO	25.5	algunos países hispanoamericanos, etc.

La temperatura media de Valencia es de ***25,5*** grados en verano.

CARACTERÍSTICAS DE LOS NUMERALES CARDINALES

1. Como sustantivos,
son siempre ***masculinos.***

El siete sigue a***l seis*** y precede a***l ocho***.
El novelista pertenece a La Generación de***l 98***.
De cero a diez le voy a dar **un ocho.**
El número premiado es ***el mil trescientos veintidós***.
El chico va a sacar *unos* ***dieces*** en los exámenes.

El área es de ***cinco*** *kilómetros cuadrados.(adj.)*
¿Necesitas folios? -Sí, necesito ***diez***.*(pron.)*

2. Como ***adjetivos*** o ***pronombres, carecen de*** variación de ***género***, *salvo* ***uno*** *y sus compuestos.*

seis niños	***seis*** niñas
ocho perros	***ocho*** alumnas

un niño	***una*** niña
veintiún lápices	***veintiuna*** plumas

sesenta y un kilos
sesenta y una toneladas

A partir de ***doscientos,*** adoptan la forma femenina que termina con ***-tas*** .

doscientos pisos	***doscientas*** casas
quinientos pájaros	***quinientas*** aves
doscientos mil kilos	
trescientas mil *toneladas*	

Cf. ***Artículo indefinido*** *- Busco* ***un*** *empleo.*
Numeral *-* ***Un*** *hombre,* ***un*** *voto.*

3. *Uno* y sus compuestos
Cf. *[un + N masculino]*

Esta caja mide ***un*** *metro* de alto.
La reunión dura ***una*** *hora*.
Las naves pesan ***una*** *tonelada* cada una.

Cf. el treinta y uno por ciento.
**el treinta y un por ciento.*

[un + N femenino que comienza por /a/ tónica]

un {águila/ ave/ hacha} (?una-posible)
*veinti**ún*** {aves/ hachas} (?veintiuna-posible)

4. *Cero*

Como adjetivo, se antepone al N plural.

Los ***cero puntos*** son lamentables.
El niño saca ***cero puntos*** en matemáticas.

5. Uso de los cardinales *como ordinales*

-Es frecuente cuando mayor es el número de orden.

1) Acontecimientos o aniversarios: Se anteponen.
el ***cincuenta y siete*** aniversario
(=el ***quincuagésimo séptimo*** aniversario [culto])
la ***cuarenta y una*** edición del festival

2) Se posponen en el resto de los casos.
la página ***treinta y cinco***
*la ***treinta y cinco*** página
el siglo ***once***

Cf. Este uso también se da en referencia ***a números bajos.***
piso *siete*
=***séptimo*** piso o piso ***séptimo***

6. Ciento **[cien + sustantivo]**

cien millones ***cien*** buenas chicas
El cable tiene ***cien centímetros*** de largo.

No se apocopa cuando se usa ***como sustantivo*** o aparece ***en el número***.

ciento ochenta grados ***ciento una*** chicas
En la pared hay ***un ciento*** medio borrado.

Como *N*, actualmente se usa cada vez más la forma ***cien.***
Este fenómeno es frecuente ***en América.***

Uno, dos, tres, ... hasta ***el cien.***
KFC inaugura su tienda ***número cien*** en la ciudad.

[Número por ciento](Porcentaje)

Venden la cámara digital con un descuento *de* ***{cinco por ciento/ *cinco por cien}***.
El partido obtuvo *el* ***5 y pico por ciento*** de votos.
Lo venden con un IVA de***l 9 por ciento.***

[100%] *-Expresa totalidad.*

El ***ciento por ciento*** de los médicos ***tienen*** empleo.(m. pl.)
Este es ***un proyecto cien por cien original.*** (loc. adv.)
Cf. ciento por ciento (preferida ***en América***)
cien por cien, cien por ciento (preferidas ***en España***)

Millón & billón

Son ***sustantivos.***

[millón o billón + de + N]

un millón de personas
dos billones de wones

Pero si van ***seguidos de otros cardinales***, el sustantivo ***no*** va ***precedido de preposición.***

quinientos ***millones*** *doscientas una* chicas
un millón *doscientas mil* personas.
(* *millón doscientas mil* personas)

Miles de - & Cientos de -
Miles de personas dan su último adiós a Pavarotti.
Cientos de trabajadores cortan el tráfico en protesta.

Una parte del número total

Vienen a verme ***los ocho de los veinte alumnos.***
Seis de sus ocho satélites fueron descubiertos por la nave espacial.

Aritmética

suma (+ : y, más) ***multiplicación (× : (multiplicado) por)***
resta(− : menos) ***división (÷ : dividido por)***

Ocho ***y(más)*** siete son quince. Ocho ***menos*** dos **son(es igual a)** seis.
Dos ***(multiplicado) por*** cinco son diez. Diez ***dividido por*** cinco son dos.
Dos coma ochenta y cinco ***más*** siete coma quince son diez.

NUMERALES ORDINALES

Expresan ***orden*** e indican ***el lugar que ocupa***,
en una serie ordenada, ***el elemento al que se refieren***.
Todos los ordinales presentan ***variación de género y número***: *primero(s), primera(s), etc.*

ARÁBIGO	ROMANO	NUMERAL ORDINAL
1.º (1.er)	**I**	primero (primer)
2.º	**II**	segundo
3.º (3.er)	**III**	tercero (tercer)
4.º	**IV**	cuarto
5.º	**V**	quinto
6.º	**VI**	sexto
7.º	**VII**	séptimo (sétimo)
8.º	**VIII**	octavo
9.º	**IX**	noveno (nono)
10.º	**X**	décimo
11.º	**XI**	undécimo
12.º	**XII**	duodécimo

decimoprimer(o/a)
décimo(a) primer(o/a)

decimosegundo
décimo(a) segundo(a)

20.º, 20.ª	XX	vigésimo
21.º (21.er)	XXI	vigesimoprimero
30.º, 30.ª	XXX	trigésimo
31.º, 31.ª	XXXI	trigésimo primero
40.º	XL	cuadragésimo
50.º	L	quincuagésimo
60.º	LX	sexagésimo
70.º	LXX	septuagésimo
80.º	LXXX	octogésimo
90.º	XC	nonagésimo
100.º	C	centésimo
101.º (101.er)	CI	centésimo(a) primero(a)
1000.º	M	milésimo
1 000 000.º		millonésimo

centésimo primer

CARACTERÍSTICAS DE LOS NUMERALES ORDINALES

1. Generalmente son adjetivos, y pueden ir ***antepuestos o pospuestos*** al sustantivo.

Vivo en {el ***segundo*** piso/ el piso ***segundo***}. (Es más frecuente la anteposición)

2. *Ante un N masculino, primero y tercero* se apocopan en las formas ***primer y tercer***.

el ***primer*** ministro   mi ***tercer*** amor   el ***vigesimoprimer*** aniversario

3. Pluralización

los tres ***primeros*** capítulos .
(← el 1º cap. + el 2º cap. + el 3º cap.)

4. Construcciones elípticas

Tú eres ***el (hombre) tercero*** de la cola.
Viajo siempre en ***primera (clase).***
Soy ***la segunda (hija)*** de los siete hijos.

5. *Algunos, como primero*,
funcionan también *como adverbios.*

Primero ordena tu habitación.
María llegó ***primero***.

Cf. Cuando al *octavo* se prefija otro ordinal, se reducen ***las dos o es*** resultantes ***a una sola***.
vigesimoctavo (mejor que *vigesimooctavo*)

Concordancia: [+masculino](Al indicar el ***número***)
la página ***doscientos***
(la página ***número doscientos***)
la habitación ***trescientos doce***
(la habitación **número** trescientos doce)

Pero es posible la concordancia en femenino.
la página ***doscientas***
la habitación ***trescientas doce***

1. Los años y los días del mes

Se usan los ***cardinales.***

(año) ***dos mil uno*** *(año)* ***mil novecientos noventa y ocho***
tres *de diciembre* ***cuatro*** *de octubre*

Cf. ***uno*** *de enero (España) VS* ***primero*** *de enero (América Latina)*

2. Papas y reyes

Se utilizan los ***números romanos,*** que se leen ***como ordinales hasta el número diez.***
(aunque en este último caso se usa también el cardinal).
Felipe ***IV*** (se lee *Felipe* ***cuarto***) *Enrique* ***VIII*** (*Enrique* ***octavo***)
Alfonso ***X*** (*Alfonso* ***décimo*** o ***diez***)

pero ***a partir del diez*** se leen siempre ***como cardinales***.
Luis XVI (*Luis* ***dieciséis***) *Juan XXIII* (*Juan* **veintitrés**)

3. Siglos

Del I al X se usan indistintamente ***cardinales y* ordinales**(con preferencia culta).
siglo I (se lee ***siglo primero*** o ***siglo uno***) *siglo II* (***siglo segundo*** o ***siglo dos***)

pero ***del siglo XI(siglo once) en adelante***, el uso general solo admite los ***cardinales.***
siglo XVIII (***siglo dieciocho***) *siglo XXI* (***siglo veintiuno***)

4. Década

Se usan los ***cardinales, pospuestos*** a la palabra *año*.

*los años **setenta*** *los años **dos mil diez***

*Cf. el año **dos mil diez***

NUMERALES FRACCIONARIOS

Los numerales fraccionarios(o partitivos) expresan ***división de un todo en partes*** y sirven para designar ***una o varias de las fracciones***. Pueden ser ***adjetivos (la TERCERA parte** de los presentes)* o ***sustantivos (un TERCIO** de los presentes).*

1/5	N. cardinal	un	quinto
	N. ordinal	adjetivo	sustantivo
5/8		cinco	octavos

1/5	una(la)	quinta	parte
	N. cardinal	N. ordinal	sustantivo
5/8	cinco	octavas	partes

N.	Sust.	Adj.
1/2	mitad *o* medio	medio, *f.* media
1/3	tercio	tercera (parte)
1/4	cuarto	cuarta (parte)
1/9	noveno	novena (parte)
1/10	décimo	décima (parte)

1/12	un doceavo/duodécimo	una doceava/duodécima parte
1/20	un veinteavo/vigésimo	una veinteava/vigésima parte
1/30	un treintavo/trigésimo	una treintava/trigésima parte

1/56	cincuentaiseisavo	cincuentaiseisava (parte)
1/100	centésimo	centésima (parte)
1/1000	milésimo	milésima (parte)
1/1 000 000	millonésimo	millónesima (parte)

1. De los adjetivos, sólo ***medio*** puede modificar directamente al sustantivo.

media tortilla — ***dos medias*** naranjas

***la media parte* de la película** — ¿Me da ***medio kilo* de patatas**?

Cf. Medio como adverbio: María está ***medio dormida.***
Se apresura a salir **a *medio vestir.***

2. ***Otros adjetivos fraccionarios:*** Se combinan exclusivamente con el N *parte.*

dos quintas partes de la población — ***la milésima parte*** de un segundo

3. Los siguientes ***adjetivos fraccionarios*** toman ***formas femeninas de los ordinales.***

3-10	*tercera, cuarta, ..., décima*
100, 1000 y sus múltiplos	*centésima, milésima, ...* *diezmilésima*
millón y sus múltiplos	*millonésima* una cienmillonésima (parte) de (un) segundo

4. ***El resto*** se forma hoy añadiendo al numeral cardinal ***el sufijo –ava.***

*trece**ava*** *catorce**ava*** *diecinueve**ava*** *veintiun**ava***

5. 11, 12 y 20, 30, ... : Admiten ***ambas formas***, aunque hoy suelen preferirse ***las primeras.***

onceava/ undécima *veinteava/ vigésima*
doceava/ duodécima *treintava / trigésima*

6. Al adjetivo ***medio*** le corresponde el sustantivo ***mitad***.

La mitad {son/ *es} mujeres y niños.
***La mitad* de sus libros** {está/están} en su casa.
Ella pone encima de cada filete ***la mitad* de la tortilla**.

Cf. Adverbio:
La sirena es ***mitad mujer*** y ***mitad pez.***

7. El nombre que designa *la tercera parte de una cosa* es **tercio.**

***Dos tercios* de los presentes** votaron a favor.
***Dos tercios* de las búsquedas del mundo** se hacen en Google.

8. Todos los numerales fraccionarios se escriben ***en una sola palabra***.

cienmilésimo/ cienmilésima (parte) cf. **cien milésima*

Cf. [-a + -avo> -avo] cincuentavo (mejor que cincuentaavo)
*onceavo/ *onzavo, doceavo/ *dozavo, veinteavo/ *veintavo;*
dieciochoavo/ dieciochavo (posible)

9. ***Octavo*** y sus compuestos: ***ordinales y fraccionarios***
↔ Otros de sufijo *–avo:* ***sólo fraccionarios***

*el **octavo** cumpleaños* *el **decimoctavo** piso*
*el **{decimoquinto/ *quinceavo}** cumpleaños* *el **{decimonoveno/ *diecinueveavo}** piso*
Habíamos cruzado ***tres octavos*** **de la distancia**.

NUMERALES MULTIPLICATIVOS

Expresan multiplicación.

N.	N. MULTIPLICATIVOS
2	doble/ duplo,la
3	triple/ triplo,la
4	cuádruple/ cuádruplo,la
5	quíntuple/ quíntuplo,la
6	séxtuple/ séxtuplo,la
7	séptuple/ séptuplo,la
8	óctuple/ óctuplo,la
9	nónuplo,la
10	décuplo,la
11	undécuplo,la
12	duodécuplo,la
13	terciodécuplo,la
100	céntuplo,la

1. Como adjetivos, concuerdan en género y número con el N.

El atleta va a dar ***un triple salto.***
Esta asignatura requiere ***doble esfuerzo*** más que aquélla.

2. Como sustantivos, son ***masculinos*** y normalmente precedidos de artículo. Son mayoritarias las formas en ***–e.***

Gano ***el doble* que** tú.
El paro en España ha aumentado ***el triple* que** en Italia.

Otras expresiones multiplicativas

Ese país es ***dos veces*** más grande que Corea.
Esta cifra es ***tres veces*** superior a la prevista.
Saco ***un billete de ida y vuelta.***
Ella mira ***la cama de matrimonio***.
Se duplican las cifras de entrada a la web.

NUMERALES DISTRIBUTIVOS

ambos,bas / sendos,das/ cada uno, etc.

Ambos estudiantes nos expresan ***sendas opiniones.***
He aquí ***sendas opiniones*** de editores.
Cada uno debe pagar su cuota.
Tres de ***cada cien alumnos*** padecen acoso escolar.

Otras expresiones distributivas

Ellos regresan a casa ***una vez al mes.*** / ***tres veces al año.*** / ***cada dos meses.***

NUMERALES COLECTIVOS

1. Nombran el número de componentes de *un conjunto*.

Te lo he dicho ***un par de veces.***

Asistieron a la reunión ***una veintena*** **de personas**.

Ella me da ***una docena*** **de lápices**.

2. Hay colectivos que se usan para designar *conjuntos musicales.*

dúo, trío, cuarteto, quinteto, ...

Muna Zul **es *un trío de mujeres***.

un par
una pareja

una decena
una docena

una veintena
una treintena

una centena
los centenares

un millar
los millares

NÚMERO DE TELÉFONO

922 262254	novecientos veintidós, veintiséis veintidós cincuenta y cuatro nueve veintidós, veintiséis veintidós cincuenta y cuatro
2297 2799	veintidós noventa y siete, veintisiete noventa y nueve

¿Cuál es tu número de teléfono?

-Es ***el 680 231 288 (seis-ocho-cero dos-tres-uno dos-ocho-ocho).***

FECHA

1 (uno/ primero) de enero
1 (uno/ primero) de agosto

2 (dos) de enero
31 (treinta y uno) de mayo

enero
febrero
marzo
abril
mayo
junio
julio
agosto
septiembre
octubre
noviembre
diciembre

¿Qué fecha es hoy?
¿Qué día del mes *es hoy?*

(Hoy) Es ***el 2(dos) de mayo de 2002(dos mil dos)***.

¿A cuántos estamos hoy? -Estamos ***a 20(veinte) de julio de 2007(dos mil siete).***

¿En qué año / ***¿En qué estación (del año)*** / ***¿En qué mes (del año)*** **estamos?**

-Estamos ***en el año 2008.*** / ***en verano.*** / ***en mayo.***

Las clases empiezan ***el 21 de agosto.***
El 1 de enero de 1999 nace el euro como moneda.
Juan regresa a casa ***(en) este mes.***
Ella va a ir a México ***(en) el año próximo.***
Voy a ir allí ***(en) algún día.***

¿Cuándo es tu cumpleaños***?***
-Es el 12 (doce) de octubre.

EN + NOMBRE DE MES

Voy a ir a Busan *en julio.*
La Navidad se celebra *en diciembre*.

Construcciones sin la preposición EN

Inés llegará ahí ***un día (de) después.***
Él visita su pueblo natal ***cada 2 años.***
Ella llegó a Madrid ***{un año antes/ horas antes}.***

LOS DÍAS DE LA SEMANA

el lunes
el martes
el miércoles
el jueves
el viernes
el sábado
el domingo

¿Qué día (de la semana) es hoy? -(Hoy) Es ***lunes***.
¿{En/A} qué día de la semana *estamos?* -Estamos ***{en/ a} sábado***.

¿Qué día es el dos de junio? *-Es* ***viernes.***

Debo estar en casa ***el domingo.***
Todos los domingos ellos van a misa.
La Semana Santa se concluye ***en el domingo.***
¿Por qué nos alegra *pensar en* ***el domingo***?
(suplemento)

Hoy es ***lunes***.
*****Lunes*** es ***hoy***.
VS
Hoy es ***el dos de enero.***
El uno de enero es ***hoy***.

A principios de / ***A comienzos de*** / ***A mediados de*** / ***A fines de*** / ***A finales de*** + ***la semana*** / ***l mes*** / ***l año*** / ***l siglo***

Ella va de compras ***a fines de la semana.***
Voy a ir a China ***a mediados de este año.***
Hubo guerras ***a principios del siglo pasado.***
A finales del siglo XIX se van consolidando las democracias en Europa.

diariamente	*cada día*	*todos los días*
semanalmente	*cada semana*	*todas las semanas*
mensualmente	*cada mes*	*todos los meses*
anualmente	*cada año*	*todos los años*

Viajo ***{anualmente/ cada año/ todos los años}***.

Un astronauta necesita ***diariamente*** dos kilos de oxígeno, dos litros de agua y 1,5 kilos de alimentos.

HORA

¿Qué hora es?
¿Qué horas son?
¿Qué hora tiene Ud.?
¿Tienes (tú) hora?

Es la una (en punto).
Es la una (y) cincuenta y nueve.
=Son las dos menos uno.
Son las seis y cuarto(=quince).
Son las nueve y media (=treinta).

en punto VS ***a tiempo***
Son las dos **en punto**.
Suelo llegar a clase ***a tiempo***.

El reloj acaba de ***dar las siete.***

¿***A qué hora*** empieza la clase?

-Empieza ***a las nueve y media.***

Llegó aquí ***{a eso de/ sobre/ hacia} la una.***

Han pasado ***20 {minutos/ segundos}.***

Salida ***a las 19:20*** / Llegada ***a las 09:25***

Son ***las diez de la mañana.***

Son ***las dos y pico de la tarde.***

Son ***las once de la noche.***

	por(en) la mañana.
Estudio	***por(en) la tarde.***
	por(en) la noche.

La tienda está abierta todos los días menos ***{de 3 a 5/ desde las 3 hasta las 5}*** de la tarde.

Se registran ***vientos de {50 kilómetros por hora/ 2 kilómetros por minuto/ 1 metro por segundo}.***

Lección 7

Ejercicios

I. Escriba en español los siguientes numerales.

① 0

② 26

③ 500

④ 700

⑤ 8,000

⑥ 50,000

⑦ 100,000

⑧ 200,000

⑨ 500,000

⑩ 1,000,000

⑪ 555

⑫ 975,876,203

II. Escriba en español los siguientes numerales.

① 1º

② 10º

③ 1000º

④ 10 000º

⑤ 100 000º

⑥ 1 000 000º

⑦ 10 000 000º

⑧ 100 000 000º

⑨ 23º

⑩ 99º

⑪ 300º

⑫ 200º

① 1/2

② 1/3

③ 2/7

④ 5/9

⑤ 3/18

⑥ 9/20

⑦ 1/50

⑧ 1/100

⑨ 1/1000

⑩ 1/10 000

⑪ 1/1 000 000

III. Rellene los espacios en blanco con las formas adecuadas.

① La universidad instala pizarras digitales en ( ) aulas.(ciento)
② Ellos quieren construir cerca de ( ) casas.(quinientos)
③ La forma '( ) hachas' es preferible a 'veintiuna hachas'.(veintiuno)
④ Juan gasta más de dos ( ) de euros en remodelar su despacho.(millón)
⑤ Los rebeldes liberan al ( ) soldado saudí .(primero)
⑥ Los dos tienen ( ) opiniones sobre la temperatura de la habitación.(sendos)
⑦ Tu nuevo paciente se encuentra en la habitación ( ).(quinientos)
⑧ Dos ( ) partes de los hispanos respaldan a Obama.(tercero)
⑨ Tropas norteamericanas atacan dos ( ) de blancos en Afganistán.(docena)
⑩ Tom Cruise rodará la ( ) parte de 'Misión Imposible'. (cuarto)
⑪ GM elimina dos ( ) partes de los concesionarios en Canadá.(quinto)
⑫ Los empleados inician huelga indefinida a las ( ) horas. (cero)

IV. Traduzca al español las siguientes frases.

① 600만 채의 집
② 인구의 4분의 3
③ 21세기
④ 100명의 학생 중 80명
⑤ 펠리뻬 2세
⑥ 제199페이지
⑦ 500페이지(500장)
⑧ 앙복표
⑨ 2인실
⑩ 연필 한 타스
⑪ 환 까를로스 1세 국왕님
⑫ 3중창 로스 빤쵸스
⑬ 500주년 기념식

V. Corrija los errores en las siguientes oraciones.

① María está media dormida.
② En la escuela juegan ciento y uno alumnos.
③ Me pusieron cero punto en esa asignatura.
④ Juan se ducha cinco vez a la semana.
⑤ Voy a ir a España año que viene.
⑥ Son la una en punto.
⑦ Son la nueve y media.
⑧ Son las nueve en la mañana.
⑨ Llegan a la clase en tiempo.
⑩ El reloj acaba de dar el siete.

Reina Isabel I

Isabel La Católtica es uno de los personajes más importantes de la historia de España.

La azarosa historia de su infancia y juventud hasta que es proclamada reina de Castilla y León ha llenado ríos de tinta y es una fase enormemente interesante por sus intrigas palaciegas.

En efecto, las cosas que Isabel aprendió desde niña fueron las intrigas e influencias de los nobles en la política española. Ello motivó uno de sus grandes retos: sojuzgar a la levantisca nobleza castellana y reafirmar el prestigio de la corona.

Casó con Fernando de Aragón y durante su reinado nacieron instituciones como la Santa Inquisición y la Santa Hermandad.

Los hechos más notables de su reinado fueron la conquista del reino de Granada, el descubrimiento de América, la expulsión de los judíos y la anexión del reino de Navarra (ya muerta la reina).

* Contenido extraído (y modificado) de "www.taringa.net/posts/info/6916559 "

PRONOMBRES ACUSATIVOS Y DATIVOS
PRONOMBRES PREPOSICIONALES

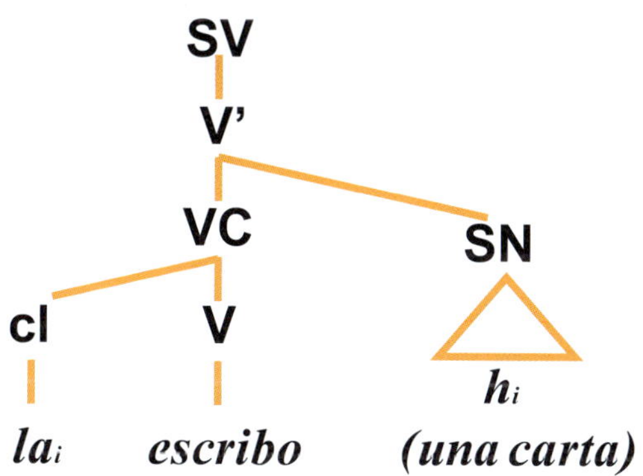

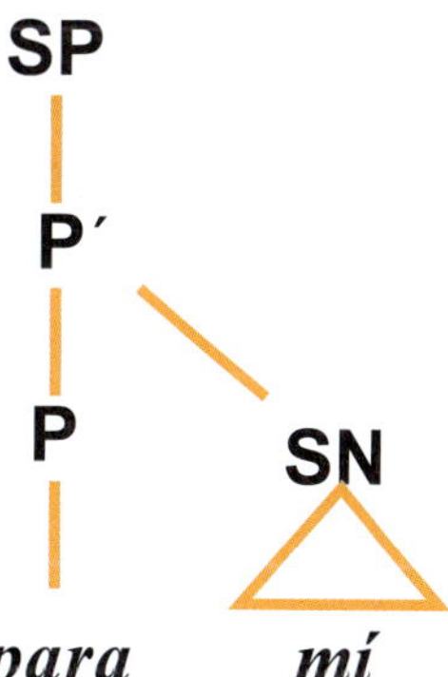

Pronombres acusativos y dativos

El verbo asigna ***caso acusativo al objeto directo*** y ***caso dativo al objeto indirecto***. Y ***estos objetos directo e indirecto, si se pronominalizan,*** reciben respectivamente los nombres ***'pronombre acusatvo' y 'pronombre dativo'.***

Pronombres acusativos

me (m.f.)	**nos (m.f.)**
te (m.f.)	**os (m.f.)**
le (m.)	**les (m.)**
lo (m.n.)	**los (m.)**
la (f.)	**las (f.)**

Pronombres dativos

me (m.f.)	**nos (m.f.)**
te (m.f.)	**os (m.f.)**
le (se) (m.f.)	**les (se) (m.f.)**

ORDEN: Se + 2ª p. + 1ª p.+3ª p.+ V + ...

Mi amiga ***me lo*** da.

María escribe ***esta carta a Antonio***.
➡ María ***se la*** escribe. ***(le>se)***

Entrego ***las notas a los estudiantes.***
➡ ***{Se/ *Les} las*** entrego.

Ella se pone ***el sombrero.***
➡ Ella ***se lo*** pone.

Juan se dirige ***a mí.***
➡ Juan ***se me*** dirige.

LO(neutro): pronombre neutro, O, atributo

Él no dijo ***eso***, ***lo*** dije yo.
Ella aprobó el examen, pero yo no ***lo*** sabía.
Ana es ***guapa*** y ella también ***lo*** es.
Ellas son ***profesoras*** y mi hijo también ***lo*** es.

América/ Canarias/ parte de Andalucía
A ustedes, niños, ***los*** espero en casa.
(frente a ***A vosotros***, niños, ***os*** espero en casa).

Usos del pronombre acusativo

Pronominalización (Clitización)

Rosa	**me** *m.f.* **te** *m.f.* **le** *m. [+h]* **lo** *m. [+/-h]* **la** *f. [+/-h]* **nos** *m.f.* **os** *m.f.* **les** *m. [+h]* **los** *[+/-h]* **las** *[+/-h]*	**quiere.**

María escribe ***esta carta***.
➡ María ***la*** escribe.

Antonio nos envía ***ese libro***.
➡ Antonio nos ***lo*** envía.

Violeta quiere mucho ***a Antonio***.
➡ Violeta ***{le/lo}*** quiere mucho.

Él quiere leer ***este libro***.
➡ Él *{**lo** quiere leer/ quiere leer**lo**}*.

¿Me permite entrar?
➡***Lo*** siento, no (*se* ***lo***) puedo (permitir).

Los pronombres átonos se denominan ***clíticos:*** cuando anteceden al verbo (*LO digo; Me voy*) se llaman ***proclíticos***; cuando siguen al verbo (*ayúdaME, veTE*) se llaman «enclíticos».

[+hum]		[-hum]	
Quiero	pegarle.	Quiero	pegarlo.
	pegarles.		pegarlos.

Usos del pronombre dativo

Pronominalización (Clitización)

Rosa	me te le nos os les	escribe una carta.

María da un regalo ***a Juan***.

➡ María ***le*** da un regalo [h].

➡ María ***le*** da un regalo [h] ***a Juan***. (Duplicado)

➡ María ***se(*le) lo*** da [h] [h] (a Juan).

Cf. * María ***lo*** da [h] a Juan. (Clítico acusativo ► Clítico dativo)

*Antonio manda ese libro ***a nosotros***.

➡ Antonio ***nos*** manda ese libro [h].

➡ Antonio ***nos*** manda ese libro [h] ***a nosotros***. (Duplicado)

El **dativo ético** es un pronombre enfático que indica ***algo afectivo***, si lo quitamos de la oración no pasa nada.

Se ***me*** para el coche.
Se ***le*** murió el perro (a María).

Me robaron la cartera.

Clitización y Duplicación

1. Si el ***objeto directo o indirecto*** es un ***pronombre personal***, la ***clitización*** es ***obligatoria***.

* María quiere ***a él***.
  ➡ María *{le/lo}* quiere [h].
  ➡ María *{le/lo}* quiere [h] ***a él***.

*Ella da un libro ***a mí***.
  ➡ Ella ***me*** da un libro [h].
  ➡ Ella ***me*** da un libro [h] ***a mí***.

2. La **duplicación del objeto directo *no*** es posible.

Violeta quiere {***a Juan/ ese libro***}.
  ➡ Violeta ***lo*** quiere [h].
  ➡ *Violeta ***lo*** quiere [h] ***{a Juan/ ese libro}***.

¿A quién quiere Violeta [h]?
****¿A quién lo*** quiere Violeta [h]?

3. La ***duplicación del objeto indirecto*** es ***opcional*** y es frecuente en la lengua oral.

He dicho la verdad ***a mi profesor***. ➡ ***Le*** he dicho la verdad [h] ***a mi profesor***.	¿***A quién*** has dicho la verdad [h]? ¿***A quién le*** has dicho la verdad [h] [h]?

Tematización (Inversión del orden)	Dislocación a la izquierda
*Juan quiere **este libro**.* ➡ ***Este libro quiere Juan.*** ****Este libro** Juan quiere.*	***Este libro*** [Juan ***lo*** quiere]. ***Este libro*** [***lo*** quiere Juan].(Preferible)
Juan quiere ***a María.*** ➡ ***A María quiere Juan.*** ****A María*** Juan quiere.	***A María*** Juan ***la*** quiere. ***A María la*** quiere Juan.(Preferible)

Enclitización & Proclitización

1. INFINITIVO

1) **El infinitivo de la perífrasis verbal** admite ***la enclitización y la proclitización***.
[poder/ deber/ soler, etc. + INF], Tener que INF, Volver a INF

Podemos ***leer el libro.*** ➡ Podemos ***leerlo.*** ➡ ***Lo*** podemos ***leer.***	Debo ***escribir la carta a José.*** ➡ Debo ***escribírsela.*** ➡ ***Se la*** debo ***escribir (a José).***
Tengo que ***hacer esa tarea.*** ➡ Tengo que ***hacerla.*** ➡ ***La*** tengo que ***hacer.***	Vuelvo a ***estudiar la química.*** ➡ Vuelvo a ***estudiarla.*** ➡ ***La*** vuelvo a ***estudiar.***

Tener que INF	***Hay que INF(Per. impersonal)***	**[Volver + SP]*(a=para)***
Tenías que ***habérmelo dicho.***	Hay que pedírselo.	Vuelvo (aquí) ***a estudiarla.***
Me lo tenías que haber dicho.	*Se lo hay que pedir.	****La*** vuelvo (aquí) ***a estudiar.***

2) **El infinitivo de la oración nominal** admite ***sólo la enclitización***.

Deseas ***estudiar la música clásica.*** ➡ Deseas ***estudiarla.*** Es interesante ***bailar el flamenco.*** ➡ Es interesante ***bailarlo.***	Pienso ***dar gracias a mi profesor.*** ➡ Pienso ***darle gracias (a mi profesor).*** Voy allí para ***estudiar la informática.*** ➡ Voy allí para ***estudiarla.***

Quiero ***estudiar la historia coreana.***	
➡ Quiero ***estudiarla.***	Cf. Deseo estudiarla.
➡ ***La*** quiero ***estudiar.***	Cf. *La deseo estudiar.

2. GERUNDIO

1) *Enclitización opcional*: **[estar/ seguir/ continuar, etc. + gerundio]**
Estas perífrasis expresan una acción en desarrollo.

Estoy ***enseñando español a mi sobrino***. ➡ Estoy ***enseñándoselo (a mi sobrino)***. ➡ ***Se lo*** estoy ***enseñando.***	Sigo practicando deporte. ➡ Sigo ***practicándolo***. ➡ ***Lo*** sigo ***practicando.***

2) *Enclitización obligatoria:* **Pronombres = complementos en la construcción de gerundio .**

Juan corre ***persiguiendo al perro***. ➡ Juan corre ***persiguiéndolo.***
Su conducta, ***teniendo en cuenta su experiencia,*** es injustificable.
➡ Su conducta, ***teniéndola en cuenta,*** es injustificable.

3. IMPERATIVO

1) Enclitización obligatoria: Imperativo afirmativo

Come (tú) ***ese pan***. ➡ Cóme***lo***. Diga ***el cuento a Juan.*** ➡ Dígaselo

2) ***Proclitización obligatoria***: Imperativo negativo

No comas (tú) ***este pan***. ➡ No ***lo*** comas. No diga ***el cuento a Juan***. ➡ No ***se lo*** diga.

¡Ojo!

Duplicación en la oración imperativa
Díga*se*lo ***a Juan***.
No *se* lo diga ***a Juan***.

Separación entre TODO y el sustantivo
Dime ***todas esas tonterías***.
➡ Díme***las todas***.
➡ No me ***las*** digas ***todas***.

Pronombres preposicionales

mí (m.f.)	**nosotros(as)** (m.f.)
ti (m.f.)	**vosotros(as)** (m.f.)
él (m.) **ella** (f.) **usted** (m.f.) **ello** (neutro)	**ellos** (m.) **ellas** (f.) **ustedes** (m.f.)

3ª persona "자신" ➡ sí
María trabaja ***para sí (misma).*** María trabaja ***para él.***
Juan está orgulloso ***de sí (mismo).*** Juan está orgulloso ***de su hijo.***
Ella ha sido una esclava ***de sí (misma).*** Ella ha sido una esclava ***de usted.***

No puedes vivir tranquilo ***sin mí.***

Quiero despedirme ***de ti.***

Nos acercamos ***a vosotros.***

Es fácil ***para usted*** aprender español.

Su madre ahorra dinero ***para ella***.

Partimos para Granada ***con ellos***.

¿Ese libro es para ***mí***?

Lo siento, no hay nada para ***ti***.

Hay un panorama magnífico enfrente de ***Uds***.

DE, al denotar posesión, no se usa con *mí* y *ti*. (Se emplea el adjetivo posesivo.)

Ella es mi hija.
*Ella es la hija de mí.

¿Es tu casa?
*¿Es la casa de ti?

Entre- Admite dos tipos.

Los alumnos se reúnen ***entre {ellos/ sí}.***
Hablan español ***entre {ellas/ sí}.***

Usted, ustedes & sí

Usted lo usa ***para {sí/usted} mismo.***
Tome cuidado ***de {sí/usted} misma.***

CONMIGO, CONTIGO, CONSIGO ← [con+mí/ ti/ sí]

¿Quieres estudiar ***conmigo***?
-Sí, me gusta estudiar ***contigo***.

Magdalena es muy *amable* ***conmigo.***
José quiere ir a la escuela ***contigo.***

Ignacio quiere llevarte ***consigo.***
Ignacio quiere estudiar ***con ella.***

Inés está disgustada ***consigo misma.***
Inés está disgustada ***con usted.***

P + PRONOMBRE NOMINATIVO

Se emplea el pronombre nominativo en lugar del pronombre preposicional.

entre	Vamos a guardar el secreto ***entre tú y yo.*** Sólo ***entre tú y yo***, creo que es pura mentira. Las cosas se enfrían ***entre ella y tú.*** Sé cuál es la diferencia entre ***tú*** y ***usted.***
excepto, ...	Todos participan en la tertulia ***{excepto/ menos/ salvo} tú.***
según	***Según ella y tú,*** el profesor me va a castigar.
incluso, ...	Todos ***{incluso/ hasta} yo*** te esperamos.

cf. ADV
{Incluso/ Hasta} ellos lo comprenden.
Puedes entrar ***{incluso/hasta} en esta sala.***

Lección 8

Ejercicios

I. Reescriba la oración sustituyendo los complementos por los pronombres clíticos.

① Ella me da ***el libro*** a mí.

② Juan manda ***la carta a José.***

③ Ignacio se pone ***el sombrero.***

④ Él quiere leer ***el libro.***

⑤ Carmen me escribe ***las cartas.***

⑥ Ella quiere escribirle ***la carta.***

⑦ Es fácil estudiar ***español.***

⑧ Estoy enseñando ***español a Ana.***

⑨ Ella corre persiguiendo ***al cachorro.***

⑩ Canta ***esta canción.*** **[Imperativo]**

⑪ Di ***la historia a Carmen.***

⑫ Dime todas ***esas tonterías.***

⑬ No comas ***este pan.***

II. Escriba en los espacios en blanco los sintagmas preposicionales.

① Puedo vivir tranquilo (   ). (너 없이도)

② Es difícil (   ) conducir el coche. (그녀에게는)

③ María ahorra dinero (   ). (자신을 위해서)

④ Mi padre está orgulloso (   ). (아들에 대해)

⑤ Ella es amable (   ). (나에게)

⑥ María está contenta (   ). (자신에 대해)

⑦ Ellos se pelean (   ). (서로 서로)

⑧ Este es un secreto (   ). (너와 나 사이의)

⑨ Todos asistieron a la clase (   ). (너만 빼고)

⑩ (   ), la historia es verdadera. (너에 따르면)

III. Corrija los errores en las siguientes oraciones.

① María quiere a él.

② Inés es bonita, pero María no la es.

③ Usted me ha salvado mi vida.

④ Lo vuelvo aquí a comer.

⑤ Lo deseo terminar pronto.

⑥ Lo dime.

⑦ No le lo diga a Juan.

⑧ Antonio la ama a Inés.

⑨ ¿A quién la quieres?

⑩ Ignacio lo quiere este libro.

⑪ Ese libro Paco quiere.

⑫ María cree en sí mismo.

Imperio azteca

El Estado mexica, llamado comúnmente Imperio azteca, fue la formación política mexica derivada del proceso de expansión territorial del dominio económico de la ciudad-estado México-Tenochtitlan, que floreció en el siglo XIV en Mesoamérica.

Fue encabezado por los mexicas—también conocidos como aztecas—, un pueblo que, de acuerdo con algunos documentos históricos como la Tira de la Peregrinación, era originario de un sitio mítico conocido como Aztlán, al que se suele ubicar fuera de los confines de Mesoamérica.

Sin embargo, parece plausible que los mexicas fueran un pueblo de tradición cultural netamente mesoamericana y no los descendientes de grupos chichimecas dedicados a la cacería y la recolección.

* Contenido extraído (y modificado) de "http://es.wikipedia.org/wiki/Imperio_azteca"

ORACIONES REFLEXIVAS Y CONSTRUCCIONES IMPERSONALES

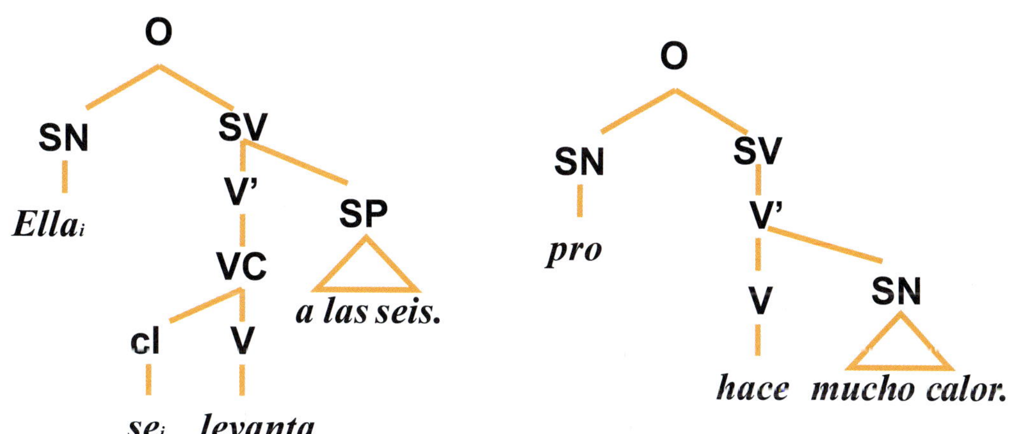

Pronombres reflexivos

se	
me	nos
te	os
se	se

O activa	Juan ***levanta*** a Ana.	sujeto=agente
O pasiva	Ana ***es levantada*** *por* Juan.	sujeto=paciente
O reflexiva	Juan *se* ***lavanta***.	sujeto=agente + paciente

El sujeto realiza la acción y también la recibe.

Poner		Ponerse	
pongo	ponemos	me pongo	nos ponemos
pones	ponéis	te pones	os ponéis
pone	ponen	se pone	se ponen

Pongo la pluma en la mesa.
Me pongo nervioso.
Me pongo el sombrero.

1. [V transitivo + se] ➡ Verbo reflexivo

acercar/ acercarse
casar/ casarse
fijar/ fijarse
levantar/ levantarse
sentar/ sentarse
acostar/ acostarse
despertar/ despertarse
hacer/ hacerse
llamar/ llamarse
trasladar/ trasladarse

apartar/ apartarse
duchar/ ducharse
largar/largarse
vestir/ vestirse
bañar/ bañarse
extender/ extenderse
lavar/ lavarse
quitar/ quitarse

¿A qué hora ***acuesta*** a sus hijos?
Ellos ***se acuestan*** a las nueve de la noche.
Me ducho tres veces a la semana.
Fíjate en este ejemplo.
¿Cómo ***te llamas***? - ***Me llamo*** Pedro.
La familia va a ***trasladarse*** a Seúl.
Ella suele ***vestir(=llevar)*** pantalones vaqueros azules.
Ella ***viste*** bien.
Ella ***(se) viste*** de rojo.

¡Ojo!

Vestir:
-V transitivo
-V intransitivo

Vestirse:
-V reflexivo

echar/ echarse
dedicar/ dedicarse (a)
dirigir/ dirigirse (a)
esforzar/ esforzarse (por)
preguntar/ preguntarse
tirar/ tirarse

Ella ***echa*** un poco de agua en mi vaso.
Ellos ***se echaron*** *a* la calle para manifestarse contra el gobierno.
Ella ***dirige*** la mirada a aquel lago.
Ellos ***se dirigen*** *a* esa montaña.
Los chicos ***se dedicaron*** *a*l estudio.
Nos esforzamos *por* conseguir la beca.
Me pregunto cuándo él volverá a casa.
Juan ***se tiró*** sobre el enemigo como una fiera.

Cf. se: sólo para el énfasis
(Me) Temo que vengas aquí.

2. [V intransitivo + se] ➡ Verbo reflexivo

comer/ comerse
desaparecer/ desaparecerse
escapar/ escaparse
ir/ irse
parecer/ parecerse
pasar/ pasarse
quedar/ quedarse
morir/ morirse
volver/ volverse

Se comió todo.
Me quedo aquí.
Me muero de hambre.
¿Qué ***te parece*** esta opinión? -***Me parece*** buena.
Me parezco mucho *a* mi madre.
Se *me* ***pasó*** lo que me dijo.
Perdona. ***Me voy.***
Se volvió a mí.

Me quedo *con* esta corbata.
Se volvió loco.

3. [V reflexivo + una parte del cuerpo o ropa]

adornarse	pintarse
afeitarse	ponerse
cortarse	quitarse
lavarse	disfrazarse
limpiarse	rascarse
maquillarse	tatuarse
peinarse	teñirse

Inés ***se adorna la cabeza*** con una corona de flores.
Juan ***se afeita (la barba)*** cada mañana.
Tengo que ***lavarme las manos.***
Hay que ***limpiarse los dientes*** después de comer.
Mi novia ***se pinta los labios*** de rojo.
Inés ***se quita el abrigo*** cuando entra en el cuarto.
Ella ***se pone los Nike caros.***
Juan ***se quita los guantes.***
Ese travestido ***se disfraza*** *de mujer.*
Le gusta ***tatuarse el cuerpo*** y ***ponerse el* pendiente.**
El niño tiende a ***rascarse la cabeza*** al hablar.
Ana ***se tiñe*** de rubio.

4. Sentido recíproco

amarse	disputarse
mirarse	odiarse
pelearse	respetarse

Nos amamos uno a otro.
Ellos ***se odian*** sin cesar.
Los políticos ***se pelean*** entre sí.
Los sabios ***se respetan*** unos a otros.

¡Ojo!

uno a otro, el uno al otro, unos a otros, los unos a los otros, mutuamente, recíprocamente.

5. SE pasiva refleja

verse	romperse
tardarse	invertirse

Se ve la montaña a lo lejos.
Se tardarán unos días en localizarlo.
Se rompe con facilidad esta porcelana.
Se invierte mucho dinero en la empresa.

6. SE impersonal

decirse	creerse
suponerse	venderse

Se dice (=Dicen) que Juan es muy amable.
Se cree que María es atractiva.
Se supone que Corea tiene muchas posibilidades.
En esta tienda ***se vende*** varios comestibles.

-Caso ambiguo-

Se recibe con gran entusiasmo la visita del presidente.

-Plural = pasivo / Singular=impersonal-

Se venden pisos. ***Se vende*** pisos.

Cf. SE medio: No corresponde a ningún caso.

No ***se me ocurre*** absolutamente nada.
Se me olvidó su propuesta.

[V reflexivo + P regida]

acordarse de	alegrarse de
arrepentirse de	atreverse a
convertirse en	dignarse de
enfadarse con	entrevistarse con
olvidarse de	quejarse de

¿***Se acuerda*** *de* mi propuesta?
Me atrevo *a* decirle la verdad.
Se enfada *con*migo por cosas triviales.
El presidente ***se entrevista*** *con* su homólogo de EEUU.
¿*De* qué ***te quejas*** tanto?

[V reflexivo + complemento predicativo]

hacer/ hacerse poner/ ponerse volver/ volverse	***Hago*** la tarea. Ella me ***pone*** nervioso. Antonio ***vuelve*** a casa.	Los dos van a ***hacerse buenos amigos.*** Ella ***se pone nerviosa*** en mi presencia. Al fin DonQuijote ***se volvió medio loco.***
creer/ creerse considerar/ considerarse sentir/ sentirse ver/ verse mostrar/ mostrarse	Yo te ***creía*** perdido en el bosque. Lo ***considero*** honesto. ***Siento*** mucho calor en esta casa. Te ***veo*** de buen humor. El turista le ***muestra*** su pasaporte.	Yo ***me creía perdido*** en el bosque. ***Se considera honesto.*** ***Te sientes feliz*** con tu novia. ***Se ve de buen humor.*** El Papa ***se muestra agotado.***
encontrar/ encontrarse situar/ situarse hallar/ hallarse poner/ ponerse presentar/ presentarse quedar/ quedarse	¿***Te encontraste*** *con* Juan en la calle? Deseo ***situar*** el cursor en el punto exacto. ¿Dónde ***pongo*** el sombrero? No me ***queda*** nada de comer.	Juan ***se encontró*** en la calle. La RAE ***se sitúa*** en Madrid. ***Me pongo*** aquí. ¿Vale? ¿Dónde ***se queda*** ahora Paco?

Cf. quedarse con …
Quédate *con* esta corbata. Te va bien.

Oraciones impersonales

1. Tiempo y Hora

pro Hace fresco.
pro Está despejado.
En verano ***pro anochece*** tarde.
Ahora ***pro truena*** y ***relampaguea.***

pro Es de madrugada.
pro Ya es tarde para partir.

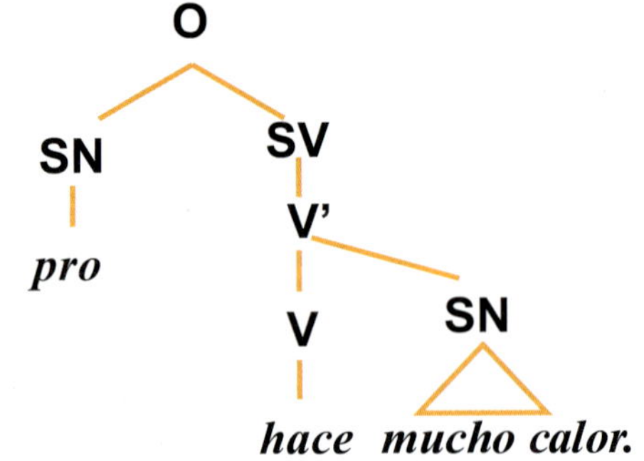

S expletivo + V en 3ª persona singular + ...

pro no argumental [+C, -Θ]	***pro Llueve.*** ***pro Hace mucho calor.***	***It*** rains. ***It*** is very hot.
pro argumental [+C, +Θ]	***pro Juega*** en el jardín.	***He*** plays in the garden.

2. SE impersonal [sujeto genérico]

pro Se come bien en ese restaurante.
Aquí ***pro se estudia.***
pro Se está bien aquí.
pro Se tarda poco de aquí al centro.

Sujeto genérico Hablante: sí/ no en S	Sujeto genérico/ específico Hablante : no en S
En esa casa ***se cena*** tarde.	En esa casa ***cenan*** tarde.

Cf. Siempre Suj. específico: en la O adverbial de la oración compuesta
Cuando cantan, se miran uno a otro.

3. HABER

Hay un libro en la mesa.
➡ ***Lo hay*** en la mesa.

Había un libro en la mesa.
➡ ***Lo había*** en la mesa.

Hay {∅/ unos/ muchos} libros en la mesa.
➡ ***Los hay*** en la mesa.

Había {∅/ unos/ muchos} libros en la mesa.
➡ ***Los había*** en la mesa.

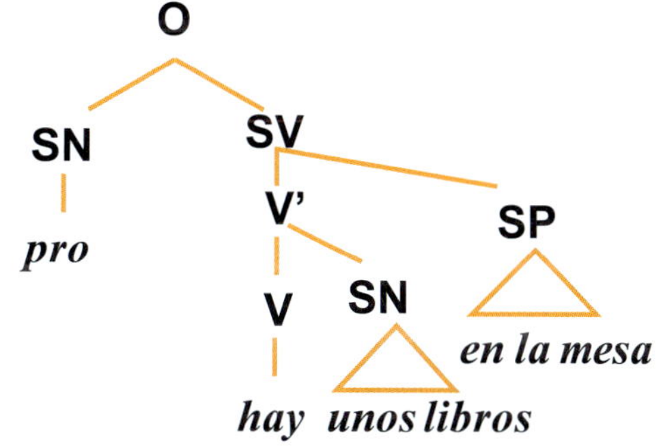

S expletivo + haber en 3ª pers. sing. + ...

Cf. Oraciones agramaticales:
Artículo definido ante el complemento

Hay* ***los libros* en la mesa.
Había* ***los libros* en la mesa.

¿**Qué hay** en la mesa?
-Hay un libro (en la mesa).

¿**Dónde está** el libro?
-(El libro) Está en la mesa.

Cf. Oraciones agramaticales:
Complemento en la posición del sujeto

****Los libros*** *hay* en la mesa.
****Los libros*** *había* en la mesa.

El libro está en la mesa.
Los libros están en la mesa.

Oraciones con el verbo GUSTAR

El pronombre dativo no debe elidirse. La duplicación es posible.

Me		
Te	gusta	la rosa.
Le		
Nos		
Os	gustan	las rosas.
Les		

(A ella) Le *encanta* ***(a ella)*** jugar al tenis.
(A Ana) Le *cautiva* ***(a Ana)*** esquiar.
A ningún niño le gusta tomar la medicina.

Dime ***si te gusto yo***.
Me ***gustas*** sólo cuando ***estás*** de acuerdo conmigo.

Otros verbos similares a Gustar

apetecer	encantar	ir
cautivar	hacer falta	molestar
doler	extrañar	parecer
faltar	fastidiar	servir

dar{asco/ la gana/ miedo/ pena/ sueño/ vergüenza}

Nos da asco su conducta maleducada.
No me da la gana (de) decírtelo.
Me da mucha pena verte aquí.
Me da vergüenza hablar a solas con Inés.

No nos apetece estudiar más.
Me duele *mucho* el estómago. (=*Tengo mucho dolor de* estómago.)
Me extraña compartir el piso con los desconocidos.
Nos hace falta una grúa para llevar este coche estropeado.
Le fastidian mucho a ella tus bromas.
¿Cómo ***te va***? -***Me va*** bien todo.
Me molesta tu presencia en esta reunión.
Me parecen absurdas tus opiniones.
Nos sirven estas sillas para descanzar.

¿***Te molesta*** *que yo fume*? [O nominal]
¿Qué ***te parece*** *ir de juerga*? [O de infinitivo]
No me importa *quién venga*. [O interrogativa]

Lección 9

Ejercicios

I. Rellene los espacios en blanco con la forma correcta.

① Ella (   ) nerviosa. (ponerse)

② ¿A qué hora (   ) tú? (despertarse)

③ Nosotros (   ) tres veces a la semana. (ducharse)

④ ¿Cómo (   ) ellos? (llamarse)

⑤ Ana quiere (   ) temprano. (levantarse)

⑥ Yo (   ) de hambre. (morirse)

⑦ (   ) fácilmente este cristal. (romperse)

⑧ Los hijos (   ) con su madre. (enfadarse)

⑨ ¿De qué (   ) ustedes? (quejarse)

⑩ ¿Con qué (   ) tú la cabeza? (adornarse)

⑪ Te gusta (   ) los labios. (pintarse)

⑫ Tienes que (   ) los dientes cada día. (limpiarse)

⑬ Los alpinistas (   ) a la montaña. (dirigirse)

II. Conteste en español las siguientes preguntas.

① ¿Te acuerdas de mi propuesta?

② ¿Le echas la culpa a otra persona?

③ ¿Haces la tarea?

④ ¿Dónde se encuentra María?

⑤ ¿Dónde pone la corbata?

⑥ ¿Cómo le va?

⑦ ¿Os gusta nadar en la piscina climatizada?

⑧ ¿Le echas la culpa a otra persona?

III. Explique el valor semántico del pronombre reflexivo SE.

① Se me ocurre una idea.

② Se ve el lago a través de la ventana.

③ Se dice que los hispánicos son optimistas.

④ Los deportistas se respetan unos a otros.

⑤ Te llamas Paco.

IV. Rellene los espacios en blanco con la forma correcta.

① En invierno (   ) temprano. (anochecer)

② Hoy (   ) nublado. (estar)

③ (   ) muchos alumnos en el colegio. (haber)

④ (   ) de noche. (ser)

⑤ Os (   ) cantar las canciones. (gustar)

⑥ Me (   ) vergüenza hablar ante el público. (dar)

⑦ Le (   ) jugar al golf. (cautivar)

⑧ Nos (   ) falta mucho dinero para ir al extranjero. (hacer)

⑨ (   ) mucho frío en invierno. (hacer)

⑩ Me (   ) tus intervenciones. (molestar)

V. Corrija los errores en las siguientes oraciones.

① Hay el libro en la mesa.

② Los libros habían en la mesa.

③ Los libros está en la mesa.

④ Se come bien por la gente en este restaurante.

⑤ La considero guapo.

⑥ Nievan mucho en todas las provincias.

⑦ Me parece falsas esas respuestas.

⑧ Parecen que todos son responsables.

⑨ Me duelo mucho el estómago.

⑩ Me importa que Inés viene aquí.

Imperio Inca

Se inició a los 1,200 años D.C. aproximadamente, alcanzando su apogeo durante el reinado del Inca **PACHACUTEC**, a mediados del siglo XV, quien inició de hecho el verdadero Imperio Inca, conquistando a diversas culturas enemigas, transformando el **CUSCO**, su capital, en una verdadera ciudad de grandes templos y amplias calles y plazas, otorgando leyes, y regulando la vida cultural, económica y religiosa del Imperio. Su sucesor Túpac Yupanqui, es conocido como el Conquistador, puesto que casi duplicó la extensión del Imperio, llegando inclusive a realizar el mismo, un viaje misterioso a Oceanía. El siguiente Inca, Huayna Cápac, conquistó la cultura Quito, desarrollo regional menor, en la zona del actual Ecuador (principios del siglo XVI).

Cada Inca escogía entre sus hijos al que sería su sucesor, para lo cual debían cumplirse varios requisitos y formalidades. En primer lugar, el sucesor debía ser descendiente del antiguo linaje fundador del Cusco, también debía ser diestro en las artes de la guerra y tener mucha prudencia para gobernar. Era escogido no solo por el Inca sino por un consejo de nobles y sacerdotes.

En su máxima extensión el Imperio Inca, abarcó desde el sur de Colombia, pasando por Ecuador, Perú, Bolivia, Norte de Chile y el extremo norte de Argentina.

* Contenido extraído (y modificado) de "http://www.libreopinion.com/members/mnsdp/inca.html"

LECCIÓN 10 FORMAS NO PERSONALES DEL VERBO Y LA VOZ PASIVA

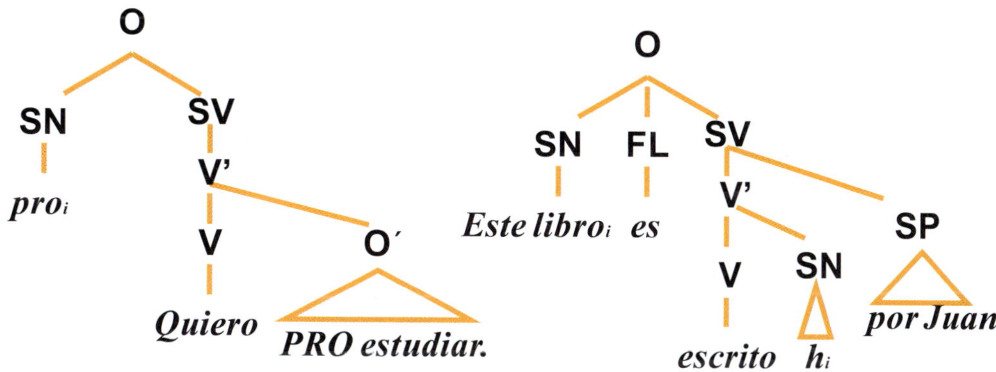

Formas no personales del verbo

El infinitivo, gerundio y participio del verbo carecen del morfema de persona y número. Carecen también de contenido temporal y modal.
Sintácticamente, constituyen el núcleo del predicado de proposiciones subordinadas.
En las perífrasis, aparecen como verbo auxiliado en perífrasis verbales.

Rasgo aspectual	infinitivo	indiferente al aspecto
	gerundio	imperfecto(acción en desarrollo)
	participio	perfecto (acción terminada).

Función	nominal	infinitivo	***{Comer/ La comida}*** es indispensable.
	adverbial	gerundio	Vete ***{corriendo/ rápidamente}***.
	adjetiva	participio	Inés es ***{educada/ cortés}***.

Infinitivo

El **infinitivo** designa una forma verbal no personal que comparte características propias de un sustantivo. Generalmente no distingue persona, número ni tiempo.

Funciones de la O de infinitivo

1. Sujeto

Es mejor ***prevenir*** que ***curar***.
(El) Estudiar es importante.
Es importante ***estudiar la gramática española.***

2. Objeto

El Sr. Park desea ***no fumar más***.
Quiero ***comer la paella valenciana***.
Le hago ***cantar*** *a Juan.*
=Le hago a Juan ***que cante.***
Oigo ***cantar*** *los pájaros*.
=Oigo ***que los pájaros cantan.***

Cf. O nominal

Mi mamá desea ***que yo no fume más.***

Quiero ***que comas la paella valenciana.***

Sustantivación del infinitivo

poder	***(el) poder***
deber	***(el) deber***
haber	***(el) haber***
pesar	***(el) pesar***

Nos encantan *los* ***poderes*** *políticos.*

Siempre cumplo con *mis* ***deberes***.

Él observa ***los ires y venires*** *del barrio*.

Está profundamente fascinada por ***los cantares populares*** *andaluces*.

3. Complemento de régimen

Me atrevo a ***decirle la verdad.***
El ordenador nos sirve ***para escribir.***

4. Complemento circunstancial

Ella va a la escuela ***después de comer.***
Él trabaja mucho ***sin quejarse de nada.***

5. Atributo

Acercarnos es ***hacer amigos.***
Una de las cosas divertidas es
el preparar los viajes.

6. Complemento de un sustantivo

Ya es *hora de* ***empezar la clase***.
Ella expresa *su deseo de* ***despedirse de mí***.

7. Complemento de un adjetivo

El texto es *fácil de* ***comprender.***
El lugar es *difícil* ***de localizar.***

Otras características de la O de infinitivo

1. Pasivización

Los mayores quieren ***ser respetados.***
Resulta fatal ***ser derrotados*** *del combate.*

2. Posposición del sujeto léxico

Al ponerse el sol, regresamos a casa.
Juan me promete ***encargarse él mismo del asunto.***

3. Coordinación

***Salir él y entrar ella* es** lo mismo.

4. Puede tener sujeto preposicional.

Nos gusta ***el cantar de los niños.***

5. Formación de la perífrasis.

deber INF	*ir a INF*	*poder INF*	*volver a INF*
haber de INF	*tener que INF*	*soler INF*	*haber que INF*

Ellos ***{deben/ pueden/ han de/ suelen} aprender*** español.
Ella ***{va a ir/ vuelve a ir}*** a la montaña.

Cf. ir/ volver (pausa) a(=para) INF
Ella ***{va/ vuelve } (allí)*** a ir a la montaña.

Los alumnos ***tienen que estudiar*** mucho.
Hay que estudiar mucho.

★ Obligación: tener que INF > Hay que INF(sujeto genérico)

El infinitivo no puede aparecer detrás de las siguientes: ***ante, bajo, durante, hacia, según, contra, desde.***

6. [Preposición + INF]

1 ***De haberlo sabido,*** no hubiéramos participado en la reunión. = *Si lo hubiéramos sabido, ...*
A juzgar por tus comentarios, Juan parece tener la culpa. = *Si juzgo por tus comentarios, ...*

2 ***Al llegar al pueblo,*** nos despedimos. = *Cuando llegamos al pueblo, ...*
Al ponerse el sol, regresan a casa. = *Cuando el sol se pone, ...*

3 ***Con ser tan inteligente,*** no soluciona esa ecuación de segundo grado.
=A pesar de que es tan inteligente, ...
Con tener mucho dinero, ese tacaño no paga el salario de los empleados.
=Aunque tiene mucho dinero, ...

4 Esta es una obra ***por investigar.*** *(Expresa la imperfección.)*
El buceador tiene curiosidad ***por investigar*** *el fondo del mar. (Expresa la imperfección.)*

Gerundio

Gerundio regular		
-ar	-ando	cantar ➡ cant*ando*
-er	-iendo	beber ➡ beb*iendo*
-ir		partir ➡ part*iendo*

El ***gerundio*** demuestra una acción y carece de persona, número y tiempo. Funciona como adverbio.

alabar, amar, bailar, bajar, comprar, estudiar, hablar, tomar, valorar
aprender, comer, comprender, correr, vender
abrir, descubrir, escribir, compartir, vivir, convivir

Gerundio irregular

1. i entre vocales o en posición inicial: [i ➡ y]

caer *[**ca** + **iendo**]* ➡ **ca*yendo***
creer *[**cre** + **iendo**]* ➡ **cre*yendo***
leer *[**le** + **iendo**]* ➡ **le*yendo***
huir *[**hu** + **iendo**]* ➡ **hu*yendo***

constituir *[**constitu** + **iendo**]* ➡ **constitu*yendo***
destruir *[**destru** + **iendo**]* ➡ **destru*yendo***
oír *[**o** + **iendo**]* ➡ **o*yendo***
ir *[**iendo**]* ➡ ***yendo***

distraer, roer, traer, argüir, atribuir, contribuir, destruir, substituir

2. Cambio vocálico: [e ➡ i] / [o ➡ u]

decir ***(d[e→i]c + iendo)*** ➡ **d*i*ciendo**
medir ***(m[e→i]d + iendo)*** ➡ **m*i*diendo**
venir ***(v[e→i]n + iendo)*** ➡ **v*i*niendo**

competir ***(comp[e→i]t+iendo)*** ➡ **comp*i*tiendo**
dormir ***(d[o→u]rm + iendo)*** ➡ **d*u*rmiendo**
morir ***(m[o→u]r + iendo)*** ➡ **m*u*riendo**
poder ***(p[o→u]d + iendo)*** ➡ **p*u*diendo**

despedir, impedir, bendecir, maldecir, convenir, pedir, sentir, regir, repetir, reír, seguir

Usos del gerundio

1. Gerundio en perífrasis que expresan la acción en su desarrollo.
estar + gerundio, seguir/ continuar + gerundio, **ir/ venir + gerundio, etc.**

Estoy hablando con María en español.

Mi hermano ***estaba comiendo*** cuando llegué a casa.

El portero ***sigue trabajando*** sin descanso.

El Ayuntamiento ***continúa estudiando*** el tema.

Nos vamos ***haciendo viejos.***

La situación ***va mejorando.***

¿Cómo te va? ***Voy tirando***.

Hace años que ***viene diciendo*** lo mismo.

La deuda ***viene convirtiéndose*** en nuestra pesadilla.

Ella ***sale corriendo*** a recibir al maestro.

Ese chico va a ***salir ganando***.

Ella ***se queda mirándome***.

2. [llevar + periodo + gerundio] = [Hace + periodo + que ...] = [desde hace + periodo]

Llevo diez años viviendo en Seúl.

Llevo tres horas tratando de convencerla a ella.

Lleva veinte años trabajando en la misma empresa.

Hace* diez años *que vivo en Seúl. = Vivo en Seúl ***desde hace*** *diez años.*

3. Construcciones de Gerundio- Expresan varios significados.

1) TIEMPO

① Acción simultánea

Tomando un bocadillo ligero, María va a la biblioteca.

➡ ***Mientras que toma un bocadillo ligero,*** María va a la biblioteca.

Me canso mucho ***conduciendo el coche***.

➡ Me canso mucho ***mientras que conduzco el coche.***

② Tiempo simultáneo

Estando en Sevilla, me enteré de esa noticia.

➡ ***Cuando estaba en Sevilla,*** me enteré de esa noticia.

La conocí, ***siendo yo bombero.*** ➡ La conocí ***cuando yo era bombero.***

③ Tiempo precedente al del verbo principal

Cruzando el río, llegó a su destino. ➡ ***Después de cruzar el río,*** llegó a su destino.

Se siente feliz, ***sabiendo que su enemigo ha desaparecido.***

➡ Se siente feliz, ***después de saber que su enemigo ha desaparecido.***

2) CONDICIÓN

Una lengua, ***siguiendo a Saussure,*** es un sistema de signos.

➡ Una lengua, ***si seguimos a Saussure,*** es un sistema de signos.

Su conducta, ***teniendo en cuenta su experiencia,*** es injustificable.

➡ Su conducta, ***si tenemos en cuenta su experiencia,*** es injustificable.

3) CAUSA

Todo es terrible, ***sabiendo que soy culpable.*** ➡ Todo es terrible, ***porque sé que soy culpable.***

Teniendo mucho que hacer, no puede ir de vacaciones.

➡ ***Como tiene mucho que hacer,*** no puede ir de vacaciones.

4) CONCESIÓN

Siendo tan joven, José se atreve a combatir por su patria.

➡ ***A pesar de que es tan joven,*** José se atreve a combatir por su patria.

Siendo inteligente, María parece tonta. ➡ ***Aunque es inteligente,*** María parece tonta.

5) FINALIDAD

Nos llama siempre ***pidiendo dinero.*** ➡ Nos llama siempre ***para pedir dinero.***

Me escribe ***hablando de su queja.*** ➡ Me escribe ***para hablar de su queja.***

6) COORDINACIÓN

Juan es muy inteligente, ***sobresaliendo entre sus amigos.***

➡ Juan es muy inteligente ***y sobresale entre sus amigos.***

Mario Vargas Llosa es un gran escritor, habiendo sido recompensado varias veces por ello.

➡ Mario Vargas Llosa es un gran escritor, y además ha sido recompensado varias veces por ello.

4. Gerundio- Complemento del objeto directo

1) Verbo principal de percepción: oír, ver, percibir, observar, etc.

Vimos ***a Juan persiguiendo al perro.***

Observo ***a mi vecina hablando con un desconocido.***

2) Verbo principal de expresión: describir, pintar, imaginar, mostrar, representar, etc.

Voy a pintar***la jugando a los bolos.***

Imagino ***a Inés sufriendo por el examen.***

La imagen muestra ***al rey bajando del avión.***

3) Verbo principal de hallazgo: encontrar, hallar, etc.

Al despertarme encuentro ***a mi hijo durmiendo a mi lado.***

La encontramos ***buscando a su hijo por todas partes.***

Hallé ***a mi madre conversando con algunas vecinas.***

4) El verbo DEJAR

Dejo ***a mis hijos jugando solos al aire libre.***

No puedo dejar***la llorando.***

Ambigüedad:
Vi a mi amiga ***saliendo de casa.***
¿Quién sale de casa?
-Yo, que salía de casa, vi a mi amiga.
-Vi a mi amiga, la cual salía de casa

5. Construcción absoluta con Gerundio

Estando enferma Inés, no podemos salir de juerga.[Causa]
Habiendo entrado el general, todos los soldados se pusieron firmes. [Tiempo]
Mañana, ***permitiéndolo Dios,*** iremos de excursión.[Condición]
No le creemos, ***jurándonoslo usted mismo***. [Concesión]

6. Otras características del Gerundio

1) A veces enfatiza el significado "rápido o rápidamente".
Vístete ***corriendo.*** Ven acá ***volando.***

2) Localización
Mi casa está ***pasando (=después de) el ayuntamiento.***
El Congreso se encuentra ***bajando (=abajo de) esta calle.***

3) Función adjetiva: uso excepcional del gerundio
Te echo un poco de ***agua hirviendo***.
Es peligroso ***el horno ardiendo***.

Cf. agua hervida:
Hay que lavar bien la herida con **agua hervida enfriada.**

4) Gerundios transcategorizados al sustantivo
doctorar(se) > ***doctorando, da (m.f.)*** educar > ***educando,da***

Gerund in English = Infinitivo
No smoking. ➡ ***No fumar.***
Eating too much is bad for the health. ➡ ***Comer demasiado*** es malo para la salud.

PARTICIPIO PRESENTE - Tiene función adjetiva.

-ante alarmar > ***alarmante*** inquietar > ***inquietante***
-ente proceder > ***procedente*** sorprender > ***sorprendente***
-iente crecer > ***creciente,*** herir > ***hiriente,*** concernir> ***concerniente***

una situación ***preocupante*** =una situación ***que nos preocupa***
los alumnos ***sobresalientes*** =los alumnos ***que sobresalen***
la cantidad ***restante*** = la cantidad ***que resta***

Participio

El **participio,** una de las formas no personales del verbo, funciona como adjetivo sin perder del todo su naturaleza verbal.

Participio regular		
-ar	**-ado**	cantar ➡ cant***ado***
-er	**-ido**	beber ➡ beb***ido***
-ir		partir ➡ part***ido***

Cf. leer, oír, reír
Hay que poner tilde en i de –ido: leído, oído, etc.
Pero, no en i de u-ido : huir > huido

alabar, amar, bailar, bajar, comprar, dar, estudiar, hablar, tomar
aprender, comer, correr, creer, leer, poder, querer, saber, ser, vender
acudir, compartir, cumplir, dormir, ir, pedir, salir, sentir, venir, vivir

Participio irregular

-erto	abrir> ***abierto,*** cubrir> ***cubierto,*** morir> ***muerto***	entreabrir, descubrir
-uelto	volver> ***vuelto,*** resolver> ***resuelto***	devolver, revolver
-ito	escribir> ***escrito,*** describir> ***descrito***	inscribir, prescribir
-cho	decir> ***dicho,*** hacer> ***hecho***	predecir, deshacer, satisfacer
Etc.	poner> ***puesto,*** romper> ***roto,*** ver> ***visto***	entrever

Usos del participio

1. Concordancia en género y número

Nos molesta ***este coche estropeado.***
Tengo ***hijos nacidos*** en París.
El presidente electo es famoso por su inteligencia.
José, respetado de todos, trabaja mucho.
Gonzalo, nacido el 20 de febrero de 1958, es profesor del colegio.

▣ Uso restrictivo VS Uso no restrictivo
Las casas ***bien construidas*** nos encantan.
=Las casas ***que están construidas bien*** nos encantan.
Las casas, ***bien construidas,*** nos encantan.
=Las casas, ***que están construidas bien,*** nos encantan.

2. Atributo del sujeto

Mi tío es ***atrevido.***
Estoy ***deprimido.***
Me veo ***obligado*** a seguir su consejo.
Me siento ***derrotado*** por su amenaza.
María viene ***animada*** por el apoyo de su padre.
Ahora me encuentro ***perdido*** en este maldito bosque.
Vuelves aquí ***convertido*** en héroe. (Cf. Vuelves aquí.)

3. Complemento del objeto

Hay que tener ***abiertas las ventanas***.
Veo ***construida la casa.***
(=Veo ***que la casa está construida.***)

Llevo	puesto el casco.
Ana lleva	puesta la peluca.
Ellos llevan	puestas las gafas de sol.

4. Construcciones absolutas en las que el participio puede llevar sujeto:

[Tiempo] ***Terminada la guerra,*** regresaron a sus pueblos natales.
Se fueron a casa, ***terminada la clase.***

[Modo] Mario, ***dobladas las rodillas,*** rezaba a Dios.

[Concesión] ***Leída la tesis en voz alta,*** nadie la entendió.

5. Voz pasiva: Objeto directo ➡ Sujeto (V transitivo)

1) [***ser*** + ***participio*** + ***por*** Agente]

Carmen ***escribe*** este libro. ➡ Este libro ***es escrito*** *por* Carmen.
Golpeamos a Juan. ➡ Juan ***es golpeado*** *por* nosotros.
Ellos ***respetaron*** a Inés. ➡ Inés ***fue respetada*** *por(de)* ellos.

Especificidad: Los obreros construyen ***casas***.
➡ *(***Las) casas*** *son construidas* por los obreros.
Verbo ***tener*** (posesión): ***Tengo*** dos hijos.
➡ *Dos hijos ***son tenidos*** por mí.

2) [***estar*** + ***participio*** + ***(*por*** Agente)]

El edificio ***está construido (*por el arquitecto).***
El campo ***está cubierto*** de nieve.
Estamos cansados (de estudiar).

Cf. Simple causa
(= a causa de ese problema)
Estoy agotado ***por ese problema.***

La casa ***{es/ está/ parece} construida.***
La casa ***lo {es/ está/ parece}.***

■ Participios derivados de verbos intrasitivos o reflexivos

Somos ***casados*** *(*por los padres).*
Carmen es ***divorciada*** *(*por su marido).*
La fiesta es ***divertida*** *(*por nosotros).*

■ **Verbos estativos:**
Julio ***{es/*está} amado por todos.***
Pablo ***{es/*está} conocido por esa obra maestra.***

6. Tiempo compuesto [haber + participio]

El participio es invariable.

Se ha ido.

Al fin ***ha llegado*** el día.

Juan ***había cometido*** un gran error.

El rey ***se ha convertido*** en un tirano.

Juan ***habrá llegado*** mañana a esta hora.

Te ***han dado*** una ciudadanía norteamericana.

7. Sustantivos derivados del participio

armarse	***armado,da***	***la armada***
entrar	***entrado,da***	***la entrada***
salir	***salido,da***	***la salida***
partir	***partido,da***	***la partida***
pasar	***pasado,da***	***el pasado***
venir bien	***bienvenido,da***	***la bienvenida***
acusar	***acusado,da***	***acusado,da***
querer	***querido,da***	***querido,da***
elegir	***electo,ta***	***electo,ta***

8. Verbos que presentan dos participios

La forma irregular actúa como adjetivo y nunca como verbo.

atender	*atento*	*atendido*	imprimir	*impreso*	*imprimido*
bendecir	*bendito*	*bendecido*	incluir	*incluso*	*incluido*
confundir	*confuso*	*confundido*	insertar	*inserto*	*insertado*
corromper	*corrupto*	*corrompido*	maldecir	*maldito*	*maldecido*
despertar	*despierto*	*despertado*	nacer	*nato*	*nacido*
difundir	*difuso*	*difundido*	prender	*preso*	*prendido*
distinguir	*distinto*	*distinguido*	presumir	*presunto*	*presumido*
elegir	*electo*	*elegido*	proveer	*provisto*	*proveído*
eximir	*exento*	*eximido*	seleccionar	*selecto*	*seleccionado*
expresar	*expreso*	*expresado*	soltar	*suelto*	*soltado*
freír	*frito*	*freído*	suspender	*suspenso*	*suspendido*
hartar	*harto*	*hartado*	teñir	*tinto*	*teñido*

Excepción
freír, proveer, imprimir

he freído
he frito

han proveído
han provisto

han imprimido
han impreso

Cf. he soltado
*he suelto

El ***bendito*** *padre* nos apoya.
Me golpea cada día *ese* ***maldito*** *chico*.
No debo rehusar *al embajador* ***selecto***.
Inés sufre por *las asignaturas* ***suspensas***.
Tiene ambición, es ***despierto*** y listo.
Está ***despierta*** porque la ***he despertado***.
Resultó ***electo*** aquel candidato alto.
Lo veo ***despierto***.

Hemos soltado la liebre.
El partido ***se ha suspendido*** por la lluvia.
El asesino ***es maldecido*** por todos.
El rector ***fue elegido*** en las elecciones.
Un cuadro ***está suspendido*** en la pared.

Hay unos partidos ***suspendidos por la lluvia.***
Estos son los videos ***elegidos por ti.***

Lección 10

Ejercicios

I. ¿Cuáles son los significados de las dos siguientes categorías?

① deber - el deber

② haber - el haber

③ comer - la comida

④ doctorarse - el doctorando

⑤ educar - el educando

⑥ armarse - la armada

⑦ entrar - la entrada

⑧ pasar - el pasado

⑨ venir bien - la bienvenida

⑩ acusar - el acusado

II. Rellene los espacios en blanco con la forma correcta.

① Es necesario para ti (   ) la literatura española. (estudiar)

② Ellos pueden (   ) a la montaña. (subir)

③ Alfonso quiere (   ) rey de España. (ser)

④ Urraca está (   ) con un moro. (hablar)

⑤ De (   ) eso, no hubieras participado en la reunión. (saber)

⑥ Me hacen (   ) a la clase. (asistir)

⑦ El chico encuentra a una niña (   ) y la lleva a casa. (llorar)

⑧ Siempre me lavo las manos antes de (   ). (comer)

⑨ El atleta sigue (   ) sin cesar. (correr)

⑩ (   ) la clase, los alumnos empezaron a marcharse. (terminar)

⑪ Necesito un poco de agua (   ). (hervir)

⑫ Ésa es una novela fácil de (   ). (comprender)

⑬ Me veo (   ) a terminar esta tarea. (obligar)

⑭ Sancho lleva diez años (   ) en Sevilla. (vivir)

⑮ Debemos tener (   ) la puerta. (abrir)

III. Sustituya la subordinada adverbial por la de gerundio.

① Mientras que cantan una canción, regresan al pueblo.

→

② Cuando yo estaba en Londres, me encontré con Ignacio en la calle.

→

③ Después de subir a la Giralda, podemos ver el panorama de Sevilla.

→

④ El lenguaje, si seguimos a Saussure, se compone de lengua y habla.

→

⑤ Aunque es viejo, mi abuelo quiere jugar al tenis conmigo.

→

IV. Transforme la oración activa en oración pasiva.

① Carmen escribe una carta. →

② Todos aman al presidente electo. →

③ Juan construye ese edificio. →

④ Tus amigos critican tu trabajo. →

⑤ La gente elogia el discurso del rey. →

V. *Corrija los errores en las siguientes oraciones.*

① Ella expresa su deseo de se despide de nosotros.

② Hemos suelto a un pobre pájaro.

③ Al el sol ponerse, llegamos a la ciudad.

④ El edificio está construido por los arquitectos.

⑤ El bendecido padre quiere ayudar a los pobres.

⑥ El presidente es electo en las elecciones generales.

⑦ El padre, las rodillas dobladas, reza a Dios cada día.

⑧ Miriam es divorciada por su marido.

⑨ Le gustan las fotografías insertas por la editorial.

⑩ Se han rotos los ordenadores.

Miguel de Cervantes

Miguel de Cervantes Saavedra fue un soldado, novelista, poeta y dramaturgo español. Se supone que nació el 29 de septiembre de 1547 en Alcalá de Henares y murió el 22 de abril de 1616 en Madrid. Es considerado la máxima figura de la literatura española. Es universalmente conocido, sobre todo por haber escrito *El ingenioso hidalgo Don Quijote de la Mancha*, que muchos críticos han descrito como la primera novela moderna y una de las mejores obras de la literatura universal.

* Contenido extraído (y modificado) de "http://es.wikipedia.org/wiki/Miguel_de_Cervantes"

EL INGENIOSO HIDALGO DON QVIXOTE DE LA MANCHA

Compuesto por Miguel de Ceruantes Saauedra.

DIRIGIDO AL DVQVE DE BEIAR, Marques de Gibraleon, Conde de Barcelona, y Banares, Vizconde de la Puebla de Alcozer, Señor de las villas de Capilla, Curiel, y Burgillos.

Ano, 1605.

Con priuilegio de Castilla, Aragon, y Portugal.

EN MADRID, Por Iuan de la Cuesta.

Vendese en casa de Francisco de Robles, librero del Rey nro señor.

LECCIÓN 11

PRETÉRITO INDEFINIDO Y PRETÉRITO IMPERFECTO

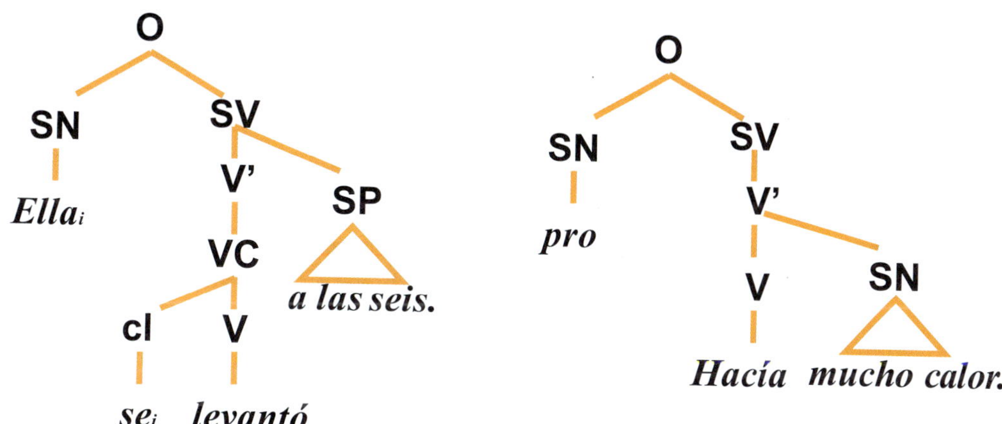

Pretérito indefinido

El pretérito indefinido tambén es conocido como *pasado simple*.

-AR		-ER / -IR	
-é	-amos	-í	-imos
-aste	-asteis	-iste	-isteis
-ó	-aron	-ió	-ieron

En los verbos con terminación ***-ar***, en la 1ª persona plural (nosotros), tiene la misma forma que en el presente.

amar		aprender		abrir	
amé amaste amó	amamos amasteis amaron	aprendí aprendiste aprendió	aprendimos aprendisteis aprendieron	abrí abriste abrió	abrimos abristeis abrieron

Cf. **ver**

vi	vimos
viste	visteis
vio	vieron

amar, bailar, cantar, comentar, comprar, dominar, estudiar, hablar, levantar, llorar, preparar, saltar, solicitar, tirar, tomar, trasladar, tumbar, trasnochar, velar;
acordar, acostar, contar, gobernar, mostrar, pensar, probar, recordar, renovar, sentar, sonar, volar

aprender, comer, comprender, vender;
atender, defender, encender, entender, extender, perder, oler, resolver, volver, mover

abrir, descubrir, escribir, partir, vivir

Verbos irregulares

1. Cambios en la 1ª persona singular- yo

to*car* [ce ➡ que]		**jug*ar* [ge ➡ gue]**		**empe*zar* [ze ➡ ce]**	
to***qué***	to*camos*	ju***gué***	jug*amos*	empe***cé***	empez*amos*
toc*aste*	toc*asteis*	jug*aste*	jug*asteis*	empez*aste*	empez*asteis*
toc*ó*	toc*aron*	jug*ó*	jug*aron*	empez*ó*	empez*aron*
aplicar	pescar	conjugar	apagar	alcanzar	comenzar
buscar	picar	negar	pagar		
explicar	volcar		tragar		

2. Cambio de vocal - 3ª p. singular y plural

pedir [e ➡ i]				**morir [o ➡ u]**		**leer [i ➡ y]**	
ped*í*		ped*imos*		mor*í*	mor*imos*	le*í*	le*ímos*
ped*iste*		ped*isteis*		mor*iste*	mor*isteis*	le*íste*	le*ísteis*
pidió		***pidieron***		***murió***	***murieron***	**le*yó***	**le*yeron***
advertir	divertir	impedir	repetir	dormir	adormir	caer	roer
competir	elegir	medir	seguir			creer	oír
consentir	herir	mentir	sentir				
convertir	hervir	preferir	servir				
despedir		referir					

reír	
reí	reímos
reíste	reísteis
rio	rieron
freír, sonreír	

influir	
influ*í*	influ***imos***
influ***iste***	influ***isteis***
influ*yó*	**influ*yeron***

huir	
hui	hu*imos*
hu*iste*	hu*isteis*
hu*yó*	**hu*yeron***

Verbos totalmente irregulares

ser/ ir	*fui*	*fuiste*	*fue*	*fuimos*	*fuisteis*	*fueron*
estar	*estuve*	*estuviste*	*estuvo*	*estuvimos*	*estuvisteis*	*estuvieron*
andar	*anduve*	*anduviste*	*anduvo*	*anduvimos*	*anduvisteis*	*anduvieron*
tener	*tuve*	*tuviste*	*tuvo*	*tuvimos*	*tuvisteis*	*tuvieron*
poder	*pude*	*pudiste*	*pudo*	*pudimos*	*pudisteis*	*pudieron*
haber	*hube*	*hubiste*	*hubo*	*hubimos*	*hubisteis*	*hubieron*
poner	*puse*	*pusiste*	*puso*	*pusimos*	*pusisteis*	*pusieron*
querer	*quise*	*quisiste*	*quiso*	*quisimos*	*quisisteis*	*quisieron*
saber	*supe*	*supiste*	*supo*	*supimos*	*supisteis*	*supieron*
caber	*cupe*	*cupiste*	*cupo*	*cupimos*	*cupisteis*	*cupieron*
dar	*di*	*diste*	*dio*	*dimos*	*disteis*	*dieron*
hacer	*hice*	*hiciste*	*hizo*	*hicimos*	*hicisteis*	*hicieron*
venir	*vine*	*viniste*	*vino*	*vinimos*	*vinisteis*	*vinieron*
decir	*dije*	*dijiste*	*dijo*	*dijimos*	*dijisteis*	*dijeron*
traducir	*traduje*	*tradujiste*	*tradujo*	*tradujimos*	*tradujisteis*	*tradujeron*
traer	*traje*	*trajiste*	*trajo*	*trajimos*	*trajisteis*	*trajeron*

tener	*contener , detener , entretener, mantener, obtener, retener, sostener*
poner	*componer, descomponer, disponer, exponer, posponer, proponer, suponer*
traer	*atraer, contraer*

venir	*convenir , intervenir*
hacer	*deshacer, rehacer, satisfacer*
decir	*bendecir, maldecir, contradecir, predecir*
traducir	*conducir, introducir, producir, reducir*

Usos del pretérito indefinido

Se refiere a una acción ya concluida.

Apagué la luz hace una hora.

Ellos ***cantaron*** en voz alta.

Juan ***tiró*** la pelota a Antonio.

No ***pude*** localizar a Juan.

Nació para comerciante.

Traduje al español el manual de Windows.

Un día los pescadores ***pescaron*** mucho más que el día anterior.

Cuando ***pasaron*** dos días un amigo *leyó* el cartel.

Se usa para hablar de lo concluido aunque esto es duradero.

Estuve dos meses en Granada.
Vivimos tres años en Londres.
Anoche ***sonó*** la alarma durante una hora.
Estudiamos anoche durante tres horas.
Hace 3 años ***estuvimos*** visitando ese país durante un mes.

Ellos ***se mudaron*** a una ciudad cerca del mar y ***se compraron*** un piso.

Ana y Ramiro ***se casaron*** el 23 de abril de 1999.

La sesión plenaria ***tuvo*** *lugar* el pasado 16 de febrero.

Estuve a punto de ahogarme, pero me ***salvaron*** los marinos.

¿A qué edad ***dijo*** su bebé "mamá" o "papá" por primera vez?

Cuando ***dieron*** las 8 de la noche, ***se oyó*** el ruido en las calles.

Como ciegos *no* ***quisisteis*** ver la Bondad y Amor del Creador.

Un sabotaje informático ***puso*** *en peligro* la vida de una tripulación de la NASA.

Me marché de allí corriendo.***Corrí*** y luego ***anduve*** a través de las calles, y ***regresé*** a casa.

Fuimos a la playa. ***Nadamos***, porque ***hizo*** mucho calor. ***Pasamos*** dos semanas allí.

Distinción

Distinción entre SER e IR

Juan ***fue*** *médico.*

Juan ***fue*** *a la montaña.*

Distinción entre el presente y el pasado

Ayer ***llegamos*** a casa a medianoche.

Siempre ***llegamos*** a casa a medianoche.

En el pasado ***vivimos*** un período de gran tempestad revolucionaria.

Vivimos en este hermoso planeta, al que llamamos Tierra.

Distinción categorial entre el verbo y el sustantivo

Traje *una semilla de algodón* para plantarla.

Este es *el* ***traje*** con el que se visten los toreros.

Jesús ***vino*** a hacernos libres.

Traje *una botella de* ***vino.***

Las bodegas climatizadas sirven para guardar bien *el* ***vino***.

Pretérito imperfecto

-AR		-ER / -IR	
-aba	-ábamos	-ía	-íamos
-abas	-abais	-ías	-íais
-aba	-aban	-ía	-ían

amar		aprender		abrir	
amaba amabas amaba	amábamos amabais amaban	aprendía aprendías aprendía	aprendíamos aprendíais aprendían	abría abrías abría	abríamos abríais abrían

cantar, comprar, estudiar, hablar, tomar; pensar, sentar, sonar, volar

comer, comprender, vender; atender, entender, perder, volver

descubrir, escribir, partir, salir, vivir

Verbos irregulares

SER		IR		VER	
era	éramos	iba	íbamos	veía	veíamos
eras	erais	ibas	ibais	veías	veíais
era	eran	iba	iban	veía	veían

Usos del pretérito imperfecto

1. Acción duradera o en proceso en el pasado

Juan ***contaba*** conmigo siempre.
Ella ***discutía*** con el empleado.

2. Estado duradero en el pasado

En aquellos días ***tenía*** mucha hambre.
La casa ***estaba*** *cubierta de* nieve.
Éramos como hermanos.
La mayoría ***estaban*** *de acuerdo con* nuestra opinión.

3. Acciones repetidas en el pasado

Cuando ***era*** niño, ***jugaba*** en el campo.
Cuando ***vivíamos*** en Granada, ***visitábamos*** Alhambra casi todos los días.
Cuando ***era*** niño, ***tenía*** muchos sueños.

4. Acción o estado continuo en un punto del pasado

El profesor ***explicaba*** la lección cuando llegué a la clase.
Cuando mi hermana ***oía*** la música clásica, entré en su cuarto.
Supe que ***estabas*** enfermo.
Tenía siete años cuando me mudé con mi familia a París.

5. Horas del pasado

Eran las diez de la mañana.
Cuando vimos el reloj ***eran*** las cero horas.
Eran las once de la noche cuando llegaron a casa.

6. Acción no realizada en el pasado(ir a INF.)

Cuando rematé supe que ***iba*** *a ser* gol.
Iba *a ir* a España, pero no pude por falta de dinero.
Íbamos *a terminar* el trabajo en una hora, pero nos resultó imposible.

Diferencias entre el pretérito indefinido y el pretérito imperfecto

El pretérito indefinido expresa una acción terminada, mientras que el pretérito imperfecto explica la situación del pasado sin especificar cuándo una acción empieza o termina.

Fue *difícil* decírselo.
Era *difícil* decírselo.

No me ***apeteció*** comer.
No me ***apetecía*** comer.

Ellos ***quisieron*** vender el libro por una moneda.
Ellos ***querían*** vender el libro por una moneda.

Tuvimos *que consultar* con el profesor.
Teníamos *que consultar* con el profesor.

Fui *a preguntárselo.*
Iba a preguntár*selo.*

Lección 11

Ejercicios

I. Rellene los espacios en blanco con la forma del pretérito indefinido.

① Los bomberos (   ) el fuego. (apagar)

② Vosotros (   ) al baloncesto antes de la cena. (jugar)

③ Los universitarios (   ) en el Carnaval. (volcarse)

④ Nadie (   ) gritar a Sancho Panza. (oír)

⑤ Un bicho me (   ) la espalda. (picar)

⑥ Yo (   ) el violín en el concierto ayer. (tocar)

⑦ Mis mejores amigos (   ) de mí. (despedirse)

⑧ Sé desde cuándo (   ) en marcha Windows. (ponerse)

⑨ Colón (   ) el Nuevo Mundo. (descubrir)

⑩ Ayer por la tarde ellos (   ) a buscar a los abogados. (venir)

⑪ Yo le (   ) por qué había llegado tarde. (explicar)

⑫ Ella (   ) que Cristo era el Mesías. (creer)

⑬ El jueves 6 de junio Juan (   ) en Cádiz. (estar)

⑭ Tú (   ) mucho por la calle. (andar)

⑮ Muchos de esos productos (   ) éxito momentáneo. (tener)

II. Rellene los espacios en blanco con la forma del pretérito indefinido o con la del pretérito imperfecto.

① Tus amigos (   ) hace una hora. (venir)

② Las niñas cantaban mientras que (   ) a la comba. (saltar)

③ Ayer tú (   ) a Moncloa a comer en el restaurante chino. (ir)

④ Entré en la habitación cuando Ana (   ) la radio. (escuhar)

⑤ El sábado pasado Ana (   ) un poco temprano. (levantarse)

⑥ (   ) las dos de la noche cuando Juan vino a llamarme. (ser)

⑦ Yo (   ) ganas de dar una vuelta, así que salí a tomar un autobús que realiza varias paradas en la ciudad. (tener)

⑧ Yo quería ir al Retiro, pero un poco después (   ) cuenta de que estaba yendo en dirección contraria. (darse)

⑨ El tiroteo se produjo cuando los guardias (   ) identificar a los terroristas. (intentar)

⑩ La primera niña clonada (   ) el jueves pasado. (nacer)

III. Conteste las siguientes preguntas.

① ¿Cuándo llegaste a la estación?

② ¿Dónde estabas el día de tu cumpleaños?

③ ¿Por qué no querían ir al asilo?

④ ¿Cómo eran sus padres cuando era niño?

⑤ ¿Con quién ibas a viajar el mes pasado?

⑥ ¿Qué solían hacer en casa cuando eran pequeños?

⑦ ¿Para qué querían ir a la cocina?

⑧ ¿Te gustó la película?

IV. Explique las diferencias entre las dos siguientes oraciones.

① a. Ellos iban a cenar.
b. Ellos fueron a cenar.

② a. No le fue fácil conseguir la victoria.
b. No le era fácil conseguir la victoria.

③ a. No les apeteció celebrar la fiesta en casa.
b. No les apetecía celebrar la fiesta en casa.

④ a. Tuve que ir a la biblioteca nacional para obtener información.
b. Tenía que ir a la biblioteca nacional para obtener información.

⑤ a. No quiso preguntar quién era.
b. No quería preguntar quién era.

Monasterio de El Escorial

El **Real Sitio de San Lorenzo de El Escorial** es un complejo de palacio, basílica y monasterio. Comúnmente conocido como el *Monasterio de El Escorial* el palacio fue residencia de la Familia Real Española; la basílica es lugar de sepultura de los reyes de España y el monasterio residencia actual de los monjes de la Orden de San Agustín. Es una de las más singulares arquitecturas renacentistas de España y de Europa. Está situado en San Lorenzo de El Escorial (Comunidad de Madrid), sobre la ladera meridional del monte Abantos, en la Sierra de Guadarrama.

Fue considerado, desde finales del siglo XVI, la Octava Maravilla del Mundo, tanto por su tamaño y complejidad funcional como por su valor simbólico sobre la historicidad de Madrid y de España.

* Contenido extraído (y modificado) de "http://es.wikipedia.org/wiki/Monasterio_de_El_Escorial"

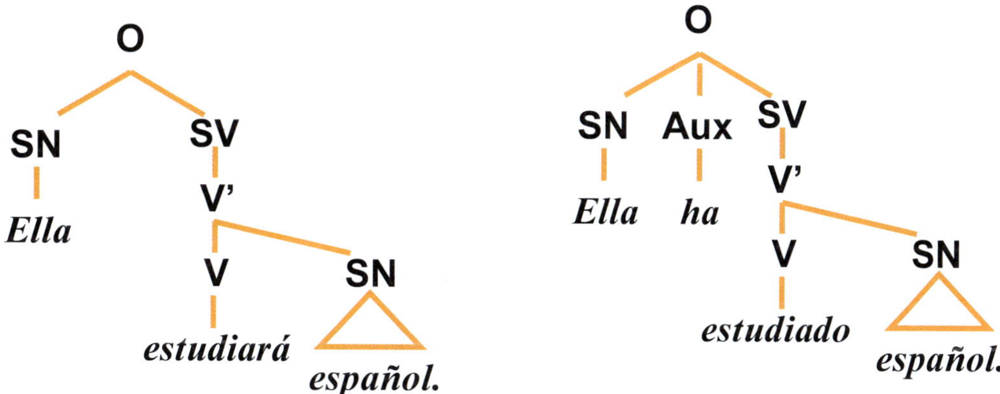

Futuro & Modo condicional

En los verbos regulares se forman añadiendo ***al infinitivo del verbo*** una única terminación para todas las conjugaciones.

Futuro (-AR, -ER, -IR)		Modo cond. (-AR, -ER, -IR)	
-é	-emos	-ía	-íamos
-ás	-éis	-ías	-íais
-á	-an	-ía	-ían

amar	
amaré amarás amará	amaremos amaréis amarán
amaría amarías amaría	amaríamos amaríais amarían

aprender	
aprenderé aprenderás aprenderá	aprenderemos aprenderéis aprenderán
aprendería aprenderías aprendería	aprenderíamos aprenderíais aprenderían

abrir	
abriré abrirás abrirá	abriremos abriréis abrirán
abriría abrirías abriría	abriríamos abriríais abrirían

amar, tomar, estudiar, comprar, estar

aprender, beber, comer, comprender, leer, ser

abrir, descubrir, dormir, escribir, partir, ir

Verbos irregulares

1. [Vocal de la terminación ➡ d]

tener	
tendré	*tendremos*
tendrás	*tendréis*
tendrá	*tendrán*
tendría	*tendríamos*
tendrías	*tendríais*
tendría	*tendrían*

poner	
pondré	*pondremos*
pondrás	*pondréis*
pondrá	*pondrán*
pondría	*pondríamos*
pondrías	*pondríais*
pondría	*pondrían*

venir	
vendré	*vendremos*
vendrás	*vendréis*
vendrá	*vendrán*
vendría	*vendríamos*
vendrías	*vendríais*
vendría	*vendrían*

contener, detener, entretener, mantener, obtener, retener, sostener

componer, exponer, imponer, oponer, posponer, proponer, suponer

convenir, intervenir

salir	
saldré	*saldremos*
saldrás	*saldréis*
saldrá	*saldrán*
saldría	*saldríamos*
saldrías	*saldríais*
saldría	*saldrían*

valer	
valdré	*valdremos*
valdrás	*valdréis*
valdrá	*valdrán*
valdría	*valdríamos*
valdrías	*valdríais*
valdría	*valdrían*

2. Supresión de la vocal de la terminación

poder	
podré	*podremos*
podrás	*podréis*
podrá	*podrán*
podría	*podríamos*
podrías	*podríais*
podría	*podrían*

haber	
habré	*habremos*
habrás	*habréis*
habrá	*habrán*
habría	*habríamos*
habrías	*habríais*
habría	*habrían*

saber	
sabré	*sabremos*
sabrás	*sabréis*
sabrá	*sabrán*
sabría	*sabríamos*
sabrías	*sabríais*
sabría	*sabrían*

querer	
querré	*querremos*
querrás	*querréis*
querrá	*querrán*
querría	*querríamos*
querrías	*querríais*
querría	*querrían*

3. Otras formas irregulares

hacer	
haré	*haremos*
harás	*haréis*
hará	*harán*
haría	*haríamos*
harías	*haríais*
haría	*harían*

Tipo de HACER
deshacer, rehacer, satisfacer

decir	
diré	*diremos*
dirás	*diréis*
dirá	*dirán*
diría	*diríamos*
dirías	*diríais*
diría	*dirían*

Tipo de DECIR
contradecir, predecir

Cf. BENDECIR
bendeciré
bendecirás
bendecirá
bendeciremos
bendeciréis
bendecirán

bendeciría
bendecirías
bendeciría
bendeciríamos
bendeciríais
bendecirían

caber	
cabré	*cabremos*
cabrás	*cabréis*
cabrá	*cabrán*
cabría	*cabríamos*
cabrías	*cabríais*
cabría	*cabrían*

Cf. MALDECIR

maldeciré	*maldeciría*
maldecirás	*maldecirías*
maldecirá	*maldeciría*
maldeciremos	*maldeciríamos*
maldeciréis	*maldeciríais*
maldecirán	*maldecirían*

Usos del futuro

1. Acción o situación futura
Partiré para España pasado mañana.
Os echaremos *de menos.*
Haré todo lo que pueda.
Terminaré el trabajo cuanto antes.
Para entonces todos ***estaremos*** calvos.
La fiesta ***será (tendrá lugar)*** en mi casa.

2. Probabilidad en el presente
Serán las tres de la tarde.
Ella ***sabrá*** dónde están los niños.
¿Cuánto ***gastará*** a la semana un millonario?
Juan ***tendrá*** veintiún años ahora.

3. Orden suave
No engañarás a nadie.
No iréis de juerga esta noche.
Usted nos **pagará** la mitad del dinero.

4. Sorpresa o duda en la O interrogativa o exclamativa
¿Quién ***llamará*** a la puerta a estas horas?
¡Si el empresario ***será*** responsable del pago de las prestaciones!

5. Se usa en la O subordinada que expresa una duda
No sé *si **será** posible esta forma de publicar los artículos.*
Los príncipes herederos esperan un hijo, pero se desconoce *si **será** varón.*

En caso de que SI introduzca la O condicional, se usa el Indicativo en lugar del Futuro o Subjuntivo. Pero en otras introducidas por Donde, Cuando, Como, etc., aparece el presente de Subjuntivo.

Si me ***esperas***, te ***llevaré*** a la escuela.
Donde me ***esperes***, ***vendrá*** mi amigo.

Otras expresiones de futuro

1. En el coloquial, el presente de indicativo puede expresar un futuro cercano.
Voy a España *el año que viene.*
Esta noche ***voy*** al cine.
Nos vemos. (Hasta luego)
La semana que viene ***hay*** corrida.

2. [ir a INF.]
Esta noche *voy a ir (=iré)* al cine.

3. [haber de INF.] (obligación futura)
Esta noche ***hemos de regresar*** a casa.

Usos del modo condicional

1. Futuro visto desde el pasado
Le ***prometí*** que lo ***haría*** yo mismo.
Juan me ***comunicó*** que lo ***solucionaría.***
Ana me ***dijo*** que ***vendría*** a verme.

Cf. Ana me ***dijo*** que ***viniera*** a verla.

2. Probabilidad o posibilidad
Sería una tontería poner en marcha el coche sin gasolina.
Hoy en día ***podríamos comer*** sandía hasta en el invierno.
No sé *si* ***podríamos alcanzar*** a Juan dentro de unos minutos.
No querrían venir en aquel entonces. [+pasado]
Serían las diez de la mañana cuando empezó la reunión. [+pasado]

3. Ruego o pregunta cortés
Querría*(=Quisiera)* hacerlo yo mismo.
Desearíamos que hicieras esta pequeña encuesta.

4. Suposición irreal:
Si tuviera mucho dinero, ***compraría*** un piso lujoso.

Tiempos compuestos

[haber + p.p.]

Se forman con el verbo auxiliar HABER y el participio del verbo conjugado.

1. Presente Perfecto

he **has** **ha**	**hablado**	**hemos** **habéis** **han**	**hablado**

2. Pretérito Pluscuamperfecto

había **habías** **había**	**hablado**	**habíamos** **habíais** **habían**	**hablado**

3. Futuro Perfecto

habré **habrás** **habrá**	**hablado**	**habremos** **habréis** **habrán**	**hablado**

4. Condicional Perfecto

habría **habrías** **habría**	**hablado**	**habríamos** **habríais** **habrían**	**hablado**

amar, cantar, comprar, estudiar, tomar, bañarse, lavarse, limpiarse

aprender, comer, vender, hacerse, ponerse, volverse

partir, permitir, recibir, vivir, dirigirse, irse

Usos de los Tiempos Compuestos

1. Presente perfecto

① Acción que comenzó en el pasado y fue completada con respecto al presente

Ignacio ***se ha ido***.
Al fin ***ha llegado*** el día.
Te ***han dado*** una ciudadanía norteamericana.
El rey ***se ha convertido*** en un tirano.

② Acción que comenzó en el pasado y dura hasta el presente

Siempre ***hemos pensado*** en ti.
¿***Has estado*** mal de salud hasta ahora?

③ Experiencia hasta el presente

¿***Has probado*** los chorizos?
Nunca he estado en San Sebastián.

④ Eventos recientes

No he podido terminar el trabajo.
He visto a Inés hace un momento.
¿Quién te ***ha dicho*** eso?
¿***Has oído*** ese rumor?

2. Pretérito pluscuamperfecto

① Acción ya completada en el pasado

Habías cometido un gran error.
¡Yo **lo había visto antes**!

② Acción pasada ocurrida con anterioridad a otra también pasada

Cuando llegamos al colegio, la clase ya ***había empezado.***
Apenas ***había comido***, se marchó.
En cuanto ***habíamos terminado*** el trabajo, regresamos a casa.

③ Tiempo anterior al presente perfecto, pretérito indefinido o imperfecto.

Me dijo que ya ***había partido*** el tren. Me preguntó si ***había viajado*** por China.
Te he dicho que ella ya ***se había marchado.***
Me di cuenta de que ya lo ***habían solucionado.***

3. Futuro perfecto

① Acción futura con anterioridad a otra también futura

Él ***habrá llegado*** mañana a esta hora.
El año próximo ya ***habrá vuelto*** aquí como profesional.
Cuando llegues, ya ***habré terminado*** el trabajo.

② Acción pasada probable

Probablemente ya ***habrá terminado*** el trabajo.
Tal vez ***se habrá olvidado*** ya de nosotros.

■ Pretérito anterior de indicativo

hube	**hablado**	**hubimos**	**hablado**
hubiste	**hablado**	**hubisteis**	**hablado**
hubo	**hablado**	**hubieron**	**hablado**

Se usaba en la obra literaria.
Expresa el tiempo directamente anterior al pasado.
Aparece sólo en la oración adverbial introducida por las conjunciones *después (de) que, luego que, cuando, en cuanto, tan pronto como, apenas, etc.*

Cuando ***hubo terminado*** de reírse, empezó a conducir el coche.
= Cuando ***terminó*** de reírse, ...
Se marchó apenas ***hubo comido.***
= Se marchó apenas ***había comido.***

4. Modo condicional perfecto

① Futuro perfecto visto desde el pasado

María me dijo que ***habría buscado*** un puesto unos días después.
Le prometí que ***habría terminado*** el trabajo para el día siguiente.

② Situación probablemente completada en el pasado

En aquellos días ***se habría olvidado*** ya de nosotros.
Ayer ya ***habrían terminado*** el trabajo.

Tiempos compuestos en construcciones especiales

1. Tiempo compuesto & Infinitivo

Inés se acordaba de	***haber ganado*** la carrera. **que** su amigo ***había ganado*** la carrera.
Inés se acuerda de	***haber ganado*** la carrera. **que** su amigo ***ganó*** la carrera.
Inés se acordará de	***haber ganado*** la carrera. **que** su amigo ***ganó*** la carrera.

2. Tiempo compuesto & Gerundio

Habiendo sufrido por la soledad,
Como ha sufrido por la soledad, — ella trata de ligar con un chico de su edad.

Habiendo realizado el curso,
Como han realizado el curso, — ellos quieren recibir un diploma.

3. Tiempo compuesto & Construcción pasiva

Habiendo sido nombrado Decano de esta Facultad,
Como fue nombrado Decano de esta Facultad, — el profesor se siente muy contento.

Habiendo sido publicadas,
Aunque habían sido publicadas, — aquellas normas no han entrado todavía en vigor.

Lección 12
Ejercicios

I. Rellene los espacios en blanco con la forma del futuro.

① Vosotros (   ) para Cuba mañana. (partir)

② Identifícate y así (   ) acceso a todas las zonas de la web.(tener)

③ Estamos seguros de que no (   ) decepcionados de aquí. (salir)

④ Algunas páginas (   ) la información que usted busca.(contener)

⑤ Tú (   ) preparado para el cambio. (mantenerse)

⑥ Cada equipo (   ) de 13 a 25 jugadores. (componerse)

⑦ Diez diputados (   ) a ese presupuesto. (oponerse)

⑧ Los programas (   ) hasta el 2024. (posponerse)

⑨ EE UU no (   ) en ese conflicto. (intervenir)

⑩ ¿Crees que (   ) segunda vuelta electoral para elegir presidente?(haber)

⑪ Ellos (   ) las diferencias entre los dos tipos de células. (saber)

⑫ ¿(   ) todos nosotros en este ascensor? (caber)

⑬ Yo no (   ) que mis hijos sean unos ignorantes. (querer)

⑭ (   ) una evaluación individualizada de cada alumno. (hacerse)

⑮ El Señor no nos olvida, nos (   ). (bendecir)

II. Rellene los espacios en blanco con la forma del modo condicional.

① ¿Qué medidas (   ) para cuidar tu dentadura? (tomar)

② No (   ) que iros. (tener)

③ Esa decisión (   ) fin al juicio antimonopolio. (poner)

④ El profesor me dijo que vosotros (   ) a visitarme. (venir)

⑤ No pensé que todo (   ) bien. (salir)

⑥ Los ladrones (   ) ser condenados a 3 años de cárcel. (poder)

⑦ ¿Qué (   ) tú que hiciera tu gatito? (querer)

⑧ Tus amigos nunca te (   ) daño. (hacer)

⑨ ¿A quién se lo (   ) tú? (decir)

⑩ Yo (   ) a los que te bendigan. (bendecir)

III. Rellene los espacios en blanco con la forma del futuro o del modo condicional.

① Nosotros (   ) a la montaña el domingo que viene. (ir)

② Ella me dijo que (   ) a comprar una muñeca. (ir)

③ Yo (   ) lo que me diga usted. (hacer)

④ Nosotros todavía (   ) adquirir al contado una cantidad similar a la que hemos adquirido. (poder)

⑤ A partir de mañana tú (   ) aprender a navegar en un ambiente divertido. (poder)

IV. Rellene los espacios en blanco con la forma del tiempo compuesto:

Presente perfecto, Pretérito pluscuamperfecto, Futuro perfecto, Modo condicional perfecto.

① Los alumnos (   ) a Estados Unidos. (viajar)

② Ella me dijo que ya (   ) un ordenador. (comprar)

③ Quizás tú (   ) de mí unos días después. (olvidarse)

④ Me dijeron que (   ) la carrera universitaria tres años después. (terminar)

⑤ El mes próximo Juan ya (   ) esa obra. (escribir)

V. Corrija los errores en las siguientes oraciones.

① Pasado manana ellos fueron al colegio.

② Magdalena tuvo sesenta años ahora.

③ Te prometí que iré a buscarte el día siguiente.

④ Ella me avisó que el tren ya partió hace tres horas.

⑤ Juan me comunicó que habrá vuelto a casa un día después.

⑥ Carmen se acuerda de su amigo haber ganado el premio.

⑦ Haber terminado el curso, Juan quiere conseguir un diploma.

Francisco de Goya

Francisco de Goya y Lucientes nació el 30 de marzo de 1746 en Fuendetodos (Zaragoza). Viajó a Roma, donde estudió el barroco italiano. Su boda con Josefa Bayeu en 1773, hermana de los pintores Francisco y Ramón Bayeu, facilitan su instalación en la Corte.

En 1785 se convierte en pintor del rey Carlos III y en 1799 en pintor de cámara del rey Carlos IV. Inicia grandes retratos, que culminarán en La familia de Carlos IV. *La familia de Carlos IV* representa la familia real. ***La maja vestida*** es una de sus obras más conocidas.

Hacia 1790 Goya sufre una enfermedad que le deja sordo. La sordera lo lleva al aislamiento y a la introspección.

Goya vivió entre dos épocas históricas, el Antiguo Régimen, con las monarquías absolutas y el Régimen Liberal, con la exaltación de las clases medias y la soberanía popular.

* Contenido extraído (y modificado) de "es.wikipedia.org/wiki/Francisco_de_Goya"

EL MODO SUBJUNTIVO

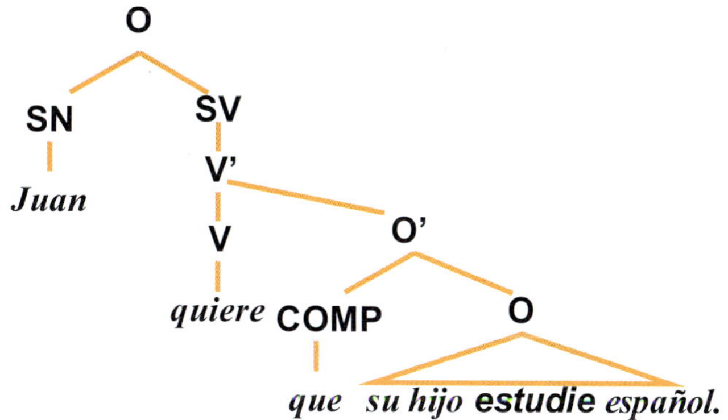

Presente de subjuntivo

-AR		-ER & -IR	
-e	-emos	-a	-amos
-es	-éis	-as	-áis
-e	-en	-a	-an

Es el modo de la O subordinada a cuya acción el contenido de la principal le da carácter de posible, probable, hipotética, deseada, temida, o necesaria. Ofrece la significación del verbo sin actualizar.

amar	
ame	amemos
ames	améis
ame	amen

aprender	
aprenda	aprendamos
aprendas	aprendáis
aprenda	aprendan

abrir	
abra	abramos
abras	abráis
abra	abran

I bailar, comprar, estudiar, hablar, llevar, tomar

II comer, comprender, correr, creer, leer

III cubrir, escribir, partir, compartir, vivir, convivir

1. Conjunciones subordinantes

Quiero ***que vayas*** *a China pronto.*

Cuando vengas *aquí, te lo diré.*

2. Conjunciones coordinantes

2.1. y (e ante palabra que empiece con i o hi)

Juan y yo llegamos tarde a la clase.
Hay una relación íntima entre ***padre e hijo***.
Miguel e Ignacio quieren ir allí.
Cf. carbón y **hie**rro, flores y **hie**rbas
La zona está rodeada de ***nieve y hielo***.

2.2. o (u ante palabra que empiece con o u ho)

¿Quieres *jugar al tenis* ***o*** *nadar en la piscina*?
¿Os vais ***u os quedáis***?
Le pedí ***siete u ocho*** *manzanas*.
Cf. Ó entre los números (para distinguirla del cero)
Ellos prevén que la crisis les afectará **3 ó 4** años.

2.3. Etc.

Tú quieres regresar a casa, ***pero*** *yo no*.
No es murciélago, ***pero*** *vive colgado*.
El turista ***no*** quiere vino, ***sino*** agua mineral.
No sólo vinieron sus padres, ***sino también*** sus abuelos.

Verbos irregulares

1. Diptongación de la vocal radical

① E➡IE		② O➡UE		③ U➡UE		④ I➡IE	
-ie-	***-e-***	-ue-	***-o-***	-ue-	***-u-***	-ie-	***-i-***
-ie-	***-e-***	-ue-	***-o-***	-ue-	***-u-***	-ie-	***-i-***
-ie-	-ie-	-ue-	-ue-	-ue-	-ue-	-ie-	-ie-

cf. conjugar
conjugue *conjuguemos*
conjugues *conjuguéis,*
conjugue *conjuguen*

④ inquirir

① sentar	
*s**ie**nte*	*sent**emos***
*s**ie**ntes*	*sent**éis***
*s**ie**nte*	*s**ie**nten*

② poder	
*p**ue**da*	*pod**amos***
*p**ue**das*	*pod**áis***
*p**ue**da*	*p**ue**dan*

③ jugar	
*j**ue**gue*	*jugu**emos***
*j**ue**gues*	*jugu**éis***
*j**ue**gue*	*j**ue**guen*

④ adquirir	
*adqu**ie**ra*	*adqu**iramos***
*adqu**ie**ras*	*adqu**iráis***
*adqu**ie**ra*	*adqu**ieran***

① comenzar, despertar, empezar, negar, nevar; atender, defender, encender, entender, perder, querer
② almorzar, colgar, contar, costar, mostrar, sonar, soñar; conmover, devolver, llover, mover, soler, volver

⑤ E➡IE		⑥ O➡UE		⑦ E➡I	
-ie-	***-i-***	-ue-	***-u-***	-i-	***-i-***
-ie-	***-i-***	-ue-	***-u-***	-i-	***-i-***
-ie-	-ie-	-ue-	-ue-	-i-	-i-

Cf. Modo indicativo

⑤ E➡IE		⑥ O➡UE		⑦ E➡I	
-ie-	***-e-***	-ue-	***-o-***	-i-	***-e-***
-ie-	***-e-***	-ue-	***-o-***	-i-	***-e-***
-ie-	-ie-	-ue-	-ue-	-i-	-i-

⑤ sentir	
s*ie*nt*a*	s*i*nt*amos*
s*ie*nt*as*	s*i*nt*áis*
s*ie*nt*a*	s*ie*nt*an*

⑥ dormir	
d*ue*rm*a*	d*u*rm*amos*
d*ue*rm*as*	d*u*rm*áis*
d*ue*rm*a*	d*ue*rm*an*

⑦ pedir	
p*i*d*a*	p*i*d*amos*
p*i*d*as*	p*i*d*áis*
p*i*d*a*	p*i*d*an*

⑦ competir, despedir, medir, servir, vestir, seguir, perseguir

⑤ advertir, convertir, consentir, divertir, herir, mentir, preferir ⑥ morir, adormir

2. Formación según la forma irregular de 1ª persona singular

① -GO➡ -GA		② -ZCO➡-ZCA		③ -YO➡-YA	
-ga	-gamos	-zca	-zcamos	-ya	-yamos
-gas	-gáis	-zcas	-zcáis	-yas	-yáis
-ga	-gan	-zca	-zcan	-ya	-yan

① tener	
ten*ga*	ten*gamos*
ten*gas*	ten*gáis*
ten*ga*	ten*gan*

② conocer	
cono*zca*	cono*zcamos*
cono*zcas*	cono*zcáis*
cono*zca*	cono*zcan*

③ influir	
infl*uya*	infl*uyamos*
infl*uyas*	infl*uyáis*
infl*uya*	infl*uyan*

① hacer, deshacer, rehacer, satisfacer;
decir, bendecir, contradecir, maldecir, predecir
traer, atraer, caer, contraer, oír, desoír
poner, componer, oponer, valer, equivaler, salir, asir
venir, convenir, intervenir, prevenir
contener, obtener, sostener

② agradecer, conducir, crecer, introducir, merecer, nacer, obedecer, producir

③ concluir, constituir, construir, destruir, disminuir, huir, sustituir

HACER

(Indicativo)		**(Subjuntivo)**	
hago	*hacemos*	*haga*	*hagamos*
haces	*hacéis*	*hagas*	*hagáis*
hace	*hacen*	*haga*	*hagan*

CABER

(Indicativo)		**(Subjuntivo)**	
quepo	*cabemos*	*quepa*	*quepamos*
cabes	*cabéis*	*quepas*	*quepáis*
cabe	*caben*	*quepa*	*quepan*

3. Formación según la pronunciación original

① -CAR	
-que	-quemos
-ques	-quéis
-que	-quen

① tocar	
to*que*	to*quemos*
to*ques*	to*quéis*
to*que*	to*quen*

① aplicar, buscar, explicar, pescar, picar, tocar, volcar (u➡ue)

② -GAR	
-gue	-guemos
-gues	-guéis
-gue	-guen

② pagar	
pa*gue*	pa*guemos*
pa*gues*	pa*guéis*
pa*gue*	pa*guen*

② colgar, conjugar(radical invariable), jugar(u➡ue), negar, pagar, tragar

③ -ZAR	
-ce	-cemos
-ces	-céis
-ce	-cen

③ empezar	
empie*ce*	empe*cemos*
empie*ces*	empe*céis*
empie*ce*	empie*cen*

③ alcanzar, almorzar, comenzar, empezar

④ convencer, vencer, torcer(o➡ue); esparcir, zurcir

④ -CER	
-za	-zamos
-zas	-záis
-za	-zan

④ vencer	
ven*za*	ven*zamos*
ven*zas*	ven*záis*
ven*za*	ven*zan*

⑤ coger, escoger; corregir(e➡i), dirigir, elegir, exigir

⑤ -GE(I)R	
-ja	-jamos
-jas	-jáis
-ja	-jan

⑤ dirigir	
diri*ja*	diri*jamos*
diri*jas*	diri*jáis*
diri*ja*	diri*jan*

⑥ seguir, conseguir, distinguir, extinguir, perseguir

⑥ -GUIR	
-ga	-gamos
-gas	-gáis
-ga	-gan

⑥ seguir	
si*ga*	si*gamos*
si*gas*	si*gáis*
si*ga*	si*gan*

4. Verbos de acentuación peculiar

① variar	
var*íe*	var*iemos*
var*íes*	var*iéis*
var*íe*	var*íen*

② graduar	
grad*úe*	grad*uemos*
grad*úes*	grad*uéis*
grad*úe*	grad*úen*

③ reír	
r*ía*	r*iamos*
r*ías*	r*iais*
r*ía*	r*ían*

① confiar, criar, enfriar, enviar, fotografiar, guiar, vaciar
② acentuar, actuar, continuar, efectuar, insinuar, situar, evacuar
③ sonreír

5. Otros verbos irregulares

ser	
sea	*seamos*
seas	*seáis*
sea	*sean*

estar	
esté	*estemos*
estés	*estéis*
esté	*estén*

ir	
vaya	*vayamos*
vayas	*vayáis*
vaya	*vayan*

ver	
vea	*veamos*
veas	*veáis*
vea	*vean*

dar	
dé	*demos*
des	*deis*
dé	*den*

haber	
haya	*hayamos*
hayas	*hayáis*
haya	*hayan*

saber	
sepa	*sepamos*
sepas	*sepáis*
sepa	*sepan*

Pretérito imperfecto de subjuntivo

Tiene dos formas, la terminada en *–ra (cantara)* y la que termina en *–se (cantase),* que son equivalentes en español actual.

-AR		-ER & -IR	
-ara	-áramos	-iera	-iéramos
-aras	-arais	-ieras	-ierais
-ara	-aran	-iera	-ieran

-ase	-ásemos	-iese	-iésemos
-ases	-aseis	-ieses	-ieseis
-ase	-asen	-iese	-iesen

I	apagar, cantar, bailar, comentar, comprar, estudiar, hablar, levantar, llorar, preparar, tomar
II	aprender, comer, comprender, vender
III	abrir, descubrir, escribir, partir, vivir

amar	
amara	amáramos
amaras	amarais
amara	amaran

aprender	
aprendiera	aprendiéramos
aprendieras	aprendierais
aprendiera	aprendieran

abrir	
abriera	abriéramos
abrieras	abrierais
abriera	abrieran

amar	
amase	amásemos
amases	amaseis
amase	amasen

aprender	
aprendiese	aprendiésemos
aprendieses	aprendieseis
aprendiese	aprendiesen

abrir	
abriese	abriésemos
abrieses	abrieseis
abriese	abriesen

Verbos irregulares

1. Verbos irregulares I

① pedir	
pidiera	*pidiéramos*
pidieras	*pidierais*
pidiera	*pidieran*

(Pretérito indefinido)

pedí	pedimos
pediste	pedisteis
pidió	***pidieron***

② morir	
muriera	*muriéramos*
murieras	*murierais*
muriera	*murieran*

(Pretérito indefinido)

morí	morimos
moriste	moristeis
murió	***murieron***

③ leer	
leyera	*leyéramos*
leyeras	*leyerais*
leyera	*leyeran*

(Pretérito indefinido)

leí	leímos
leíste	leísteis
leyó	***leyeron***

① advertir, competir, convertir, despedir, divertir, elegir, freír, herir, hervir, medir, mentir, preferir, referir, repetir, reír, seguir, sentir, servir

② dormir, adormir

③ caer, creer; concluir, construir, destruir, huir, influir, oír

2. Verbos irregulares II

ser **ir**	fui,... ***fueron***	*fuera*	*fueras*	*fuera*	*fuéramos*	*fuerais*	*fueran*
		fuese	*fueses*	*fuese*	*fuésemos*	*fueseis*	*fuesen*
estar	estuve,... ***estuvieron***	*estuviera*	*estuvieras*	*estuviera*	*estuviéramos*	*estuvierais*	*estuvieran*
		estuviese	*estuvieses*	*estuviese*	*estuviésemos*	*estuvieseis*	*estuviesen*
tener	tuve,... ***tuvieron***	*tuviera*	*tuvieras*	*tuviera*	*tuviéramos*	*tuvierais*	*tuvieran*
		tuviese	*tuvieses*	*tuviese*	*tuviésemos*	*tuvieseis*	*tuviesen*
andar	anduve,... ***anduvieron***	*anduviera*	*anduvieras*	*anduviera*	*anduviéramos*	*anduvierais*	*anduvieran*
		anduviese	*anduvieses*	*anduviese*	*anduviésemos*	*anduvieseis*	*anduviesen*

Tipo de TENER: contener, detener, entretener, mantener, obtener, retener, sostener

poder	pude,... ***pudieron***	*pudiera*	*pudieras*	*pudiera*	*pudiéramos*	*pudierais*	*pudieran*
		pudiese	*pudieses*	*pudiese*	*pudiésemos*	*pudieseis*	*pudiesen*
haber	hube,... ***hubieron***	*hubiera*	*hubieras*	*hubiera*	*hubiéramos*	*hubierais*	*hubieran*
		hubiese	*hubieses*	*hubiese*	*hubiésemos*	*hubieseis*	*hubiesen*
poner	puse,... ***pusieron***	*pusiera*	*pusieras*	*pusiera*	*pusiéramos*	*pusierais*	*pusieran*
		pusiese	*pusieses*	*pusiese*	*pusiésemos*	*pusieseis*	*pusiesen*
querer	quise,... ***quisieron***	*quisiera*	*quisieras*	*quisiera*	*quisiéramos*	*quisierais*	*quisieran*
		quisiese	*quisieses*	*quisiese*	*quisiésemos*	*quisieseis*	*quisiesen*
saber	supe,... ***supieron***	*supiera*	*supieras*	*supiera*	*supiéramos*	*supierais*	*supieran*
		supiese	*supieses*	*supiese*	*supiésemos*	*supieseis*	*supiesen*
caber	cupe,... ***cupieron***	*cupiera*	*cupieras*	*cupiera*	*cupiéramos*	*cupierais*	*cupieran*
		cupiese	*cupieses*	*cupiese*	*cupiésemos*	*cupieseis*	*cupiesen*

Tipo de PONER:
componer, descomponer, disponer, exponer, imponer, oponer, posponer, proponer, suponer

Tipo de HACER:
deshacer, rehacer, satisfacer

dar	di,... ***dieron***	*diera*	*dieras*	*diera*	*diéramos*	*dierais*	*dieran*
		diese	*dieses*	*diese*	*diésemos*	*dieseis*	*diesen*
hacer	hice,... ***hicieron***	*hiciera*	*hicieras*	*hiciera*	*hiciéramos*	*hicierais*	*hicieran*
		hiciese	*hicieses*	*hiciese*	*hiciésemos*	*hicieseis*	*hiciesen*
venir	vine,... ***vinieron***	*viniera*	*vinieras*	*viniera*	*viniéramos*	*vinierais*	*vinieran*
		viniese	*vinieses*	*viniese*	*viniésemos*	*vinieseis*	*viniesen*
decir	dije,... ***dijeron***	*dijera*	*dijeras*	*dijera*	*dijéramos*	*dijerais*	*dijeran*
		dijese	*dijeses*	*dijese*	*dijésemos*	*dijeseis*	*dijesen*
traducir	traduje,... ***tradujeron***	*tradujera*	*tradujeras*	*tradujera*	*tradujéramos*	*tradujerais*	*tradujeran*
		tradujese	*tradujeses*	*tradujese*	*tradujésemos*	*tradujeseis*	*tradujesen*
traer	traje,... ***trajeron***	*trajera*	*trajeras*	*trajera*	*trajéramos*	*trajerais*	*trajeran*
		trajese	*trajeses*	*trajese*	*trajésemos*	*trajeseis*	*trajesen*

Tipo de VENIR: convenir, intervenir, prevenir

Tipo de DECIR: bendecir, maldecir, contradecir, predecir

Tipo de TRADUCIR: conducir, introducir, producir, reducir

Tipo de TRAER: atraer, contraer

Indicativo & Subjuntivo

Los modos del verbo son tres: **modo indicativo, modo subjuntivo** y **modo imperativo**.

Indicativo		**Subjuntivo**	
Tiempo simple	**Tiempo compuesto**	**Tiempo simple**	**Tiempo compuesto**
presente	**Presente perfecto**	**presente**	**Presente perfecto**
pretérito indefinido	**Pretérito pluscuamperfecto**	**pretérito imperfecto**	**Pretérito pluscuamperfecto**
pretérito imperfecto			
futuro	**Futuro Perfecto**	**futuro**	**Futuro Perfecto**
modo condicional	**Condicional Perfecto**		

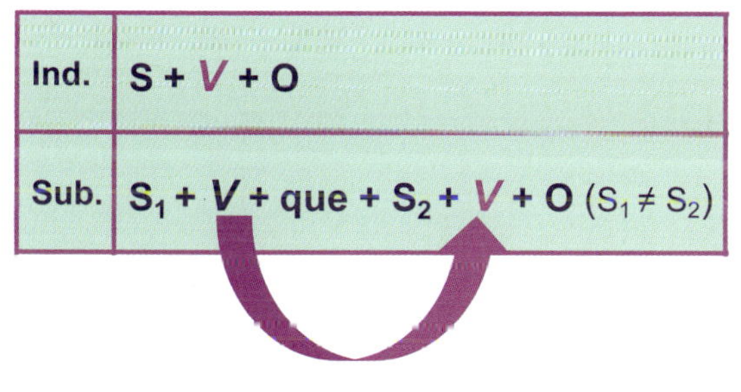

Ind.	S + *V* + O
Sub.	S_1 + *V* + que + S_2 + *V* + O ($S_1 \neq S_2$)

Pres.	**Ind.**	Ana ***escribe*** la carta.
	Sub.	***Quiero*** que Ana ***escriba*** la carta. ***He querido*** que Ana ***escriba*** la carta. ***Diga*** a Ana que ***escriba*** la carta.
Pret.	**Ind.**	Ana ***escribió*** la carta.
	Sub.	***Quise*** que Ana ***escribiera*** la carta. ***Quería*** que Ana ***escribiera*** la carta. ***Querría*** que Ana ***escribiera*** la carta.
Fut.	**Ind.**	Ana ***escribirá*** la carta.
	Sub.	***Querré*** que Ana ***escriba*** la carta.

	Indicativo		Subjuntivo
Creemos	que ella ***viene*** aquí. que ella ***vendrá*** aquí.	***No creemos***	que ella ***venga*** aquí.
Creemos	que ella ***ha venido*** aquí. que ella ***habrá venido*** aquí.	***No creemos***	que ella ***haya venido*** aquí.
Creemos	que ella ***vino*** aquí. que ella ***venía*** aquí. que ella ***vendría*** aquí.	***No creemos***	que ella ***viniera*** aquí.

Creo ***Pienso***	que Inés ***está*** en casa.	***No creo*** ***No pienso***	que Inés ***esté*** en casa.
Veo ***Oigo***	que ***estás*** muy en forma.	***No veo*** ***No oigo***	que ***estés*** muy en forma.
Digo ***Parece***	que ***tienes*** razón.	***No digo*** ***No parece***	que ***tengas*** razón.
Es ***Resulta***	que José ***es*** un sinvergüenza.	***No es*** ***No resulta***	que José ***sea*** un sinvergüenza.

Lección 13

Ejercicios

I. Conjugue los siguientes verbos en presente de subjuntivo y en pretérito imperfecto de subjuntivo.

① tomar

② escribir

③ entender

④ hablar

⑤ aprender

⑥ abrir

⑦ partir

⑧ comprar

⑨ correr

⑩ vivir

II. Conjugue los siguientes verbos en presente de subjuntivo y en pretérito imperfecto de subjuntivo.

① tener

② divertirse

③ ir

④ sentarse

⑤ dormir

⑥ estar

⑦ empezar

⑧ querer

⑨ jugar

⑩ seguir

⑪ decir

⑫ ponerse

III. Rellene los espacios en blanco con la forma subjuntiva de ESCRIBIR.

① Espero que Antonio (   ) la carta.
② He deseado que Antonio (   ) la carta.
③ Diga a Antonio que (   ) la carta.
④ Quise que Antonio (   ) la carta.
⑤ Desearía que Antonio (   ) la carta.
⑥ Esperaba que Antonio (   ) la carta.
⑦ Querré que Antonio (   ) la carta.

IV. Rellene los espacios en blanco con la forma adecuada.

① Creo que ella viene ahí. → No creo que ella (   ) ahí.
② Creo que ella vendrá ahí. → No creo que ella (   ) ahí.
③ Creo que ella ha venido ahí. → No creo que ella (   ) ahí.
④ Creo que ella habrá venido ahí. → No creo que ella (   ) ahí.
⑤ Creo que ella vino ahí. → No creo que ella (   ) ahí.
⑥ Creo que ella venía ahí. → No creo que ella (   ) ahí.
⑦ Creo que ella vendría ahí. → No creo que ella (   ) ahí.

V. Conteste las siguientes preguntas.

① ¿Crees que Juan viene a vernos?
② ¿Cuándo crees que María llegó a la estación?
③ ¿Cuántas personas piensa Ud. que asistieron a la fiesta?
④ ¿Dónde piensa ella que se celebrará el simposio?
⑤ ¿Quién creías que era ese hombre?
⑥ ¿Qué querías que hiciera yo?

VI. *Corrija los errores en las siguientes oraciones.*

① Carmen e yo iremos juntos a la biblioteca.
② Tú estudias mucho y yo no.
③ Esta silla es de madera e hierro.
④ ¿Os da la gana nadar o os apetece?
⑤ La reconciliación entre padre y hijo es muy importante en nuestros tiempos.

Pablo Picasso

Pablo Picasso (n. Málaga, España, 25 de octubre de 1881 - Mougins, Francia, 8 de abril de 1973) fue un pintor y escultor español, creador del movimiento cubista.

Considerado uno de los mayores artistas del siglo XX, participó desde la génesis de muchos movimientos artísticos que se propagaron por el mundo y ejercieron una gran influencia en otros grandes artistas de su tiempo.

Pintó más de dos mil obras actualmente presentes en museos y colecciones de toda Europa y del mundo. Además, abordó otros géneros como el dibujo, el grabado, la ilustración de libros, la escultura, la cerámica y el diseño de escenografía y vestuario para montajes teatrales. Picasso se declaraba pacifista y comunista.

* Contenido extraído (y modificado) de "http://es.wikipedia.org/wiki/Pablo_Picasso"

El Imperativo

Es un **modo** gramatical para expresar mandatos u órdenes.

Imper. afirmativo		Imper. negativo	
-	Subjuntivo	-	Subjuntivo
Indicativo, 3ª p. singular	-r ➡ -d	Subjuntivo	Subjuntivo
Subjuntivo	Subjuntivo	Subjuntivo	Subjuntivo

Subjuntivo VS Imperativo
Quiero que ella ***estudie*** más.
Estudie (Ud.) más.

hablar	
-	hablemos
habla	***hablad***
hable	hablen
-	*no hablemos*
no hables	*no habléis*
no hable	*no hablen*

aprender	
-	aprendamos
aprende	***aprended***
aprenda	aprendan
-	*no aprendamos*
no aprendas	*no aprendáis*
no aprenda	*no aprendan*

abrir	
-	abramos
abre	***abrid***
abra	abran
-	*no abramos*
no abras	*no abráis*
no abra	*no abran*

I. alabar, amar, bailar, bajar, cantar, comprar, estudiar, llevar, tomar
II. comer, comprender, correr, creer, leer, vender
III. descubrir, escribir, partir, compartir, vivir, convivir

Formas irregulares

	yo	tú	usted	nosotros	vosotros	ustedes
ser	—	***sé***	*sea*	*seamos*	*sed*	*sean*
	—	*no seas*	*no sea*	*no seamos*	*no seáis*	*no sean*
ir	—	***ve***	*vaya*	***vamos***	*id*	*vayan*
	—	*no vayas*	*no vaya*	*no vayamos*	*no vayáis*	*no vayan*
decir	—	***di***	*diga*	*digamos*	*decid*	*digan*
	—	*no digas*	*no diga*	*no digamos*	*no digáis*	*no digan*
hacer	—	***haz***	*haga*	*hagamos*	*haced*	*hagan*
	—	*no hagas*	*no haga*	*no hagamos*	*no hagáis*	*no hagan*
poner	—	***pon***	*ponga*	*pongamos*	*poned*	*pongan*
	—	*no pongas*	*no ponga*	*no pongamos*	*no pongáis*	*no pongan*
tener	—	***ten***	*tenga*	*tengamos*	*tened*	*tengan*
	—	*no tengas*	*no tenga*	*no tengamos*	*no tengáis*	*no tengan*
venir	—	***ven***	*venga*	*vengamos*	*venid*	*vengan*
	—	*no vengas*	*no venga*	*no vengamos*	*no vengáis*	*no vengan*
salir	—	***sal***	*salga*	*salgamos*	*salid*	*salgan*
	—	*no salgas*	*no salga*	*no salgamos*	*no salgáis*	*no salgan*
haber	—	***he***	*haya*	*hayamos*	*habed*	*hayan*
	—	*no hayas*	*no haya*	*no hayamos*	*no hayáis*	*no hayan*
valer	—	***val***	*valga*	*valgamos*	*valed*	*valgan*
	—	*no valgas*	*no valga*	*no valgamos*	*no valgáis*	*no valgan*

● Formas regulares: *bendecir, contradecir, maldecir, predecir — bendice, contradice, maldice, predice*

● Acentuación: *contén, compón, intervén, etc.*

Tipo de TENER contener, detener, entretener, mantener, obtener, retener, sostener
Tipo de PONER componer, disponer, exponer, imponer, oponer, posponer, proponer, suponer
Tipo de HACER deshacer, rehacer, satisfacer
Tipo de VENIR convenir, intervenir, prevenir

● Dos formas: *satisfacer - satisface / satisfaz*

Imperativo afirmativo VS Imperativo negativo

Abre (tú) la puerta. ➡ ***No abras*** (tú) la puerta.
Apaga la luz. ➡ ***No apagues*** la luz.
Encienda la televisión. ➡ ***No encienda*** la televisión.
Aplaudan a Carmen. ➡ ***No aplaudan*** a Carmen.
Bendice a mi familia. ➡ ***No bendigas*** a mi familia.

Enclitización ➡ Proclitización

Ábrela (tú). ➡ ***No la abras*** (tú).
Apágala. ➡ ***No la apagues.***
Enciéndala, por favor. ➡ ***No la encienda,*** por favor.
Dímelo. ➡ ***No me lo digas.***
Imagíneselo. ➡ ***No se lo imagine.***
Comámosla. ➡ ***No la comamos.***
Pegadlos. ➡ ***No los peguéis.***

levantarse			
—	***levantémonos***	—	*no nos levantemos*
levántate	***levantaos***	*no te levantes*	*no os levantéis*
levántese	*levántense*	*no se levante*	*no se levanten*

ponerse			
—	***pongámonos***	—	*no nos pongamos*
ponte	***poneos***	*no te pongas*	*no os pongáis*
póngase	*pónganse*	*no se ponga*	*no se pongan*

irse			
—	***vámonos***	—	*no nos vayamos*
vete	***idos***	*no te vayas*	*no os vayáis*
váyase	*váyanse*	*no se vaya*	*no se vayan*

Ponte nervioso.
➡ ***No te pongas*** nervioso.
Ponte esta cazadora.
➡ ***No te pongas*** esta cazadora.
Vete ahora mismo.
➡ ***No te vayas*** ahora mismo.
Levántate temprano.
➡ ***No te levantes*** temprano.
Córtate las uñas de los pies y de las manos.
➡ ***No te las cortes.***
Quitémonoslo despacio.
➡ ***No nos lo quitemos*** despacio.
Date prisa.
➡ ***No te des*** prisa.

acostarse	acuéstate no te acuestes	acuéstese no se acueste	acostémonos no nos acostemos	acostaos no os acostéis	acuéstense no se acuesten
bañarse	báñate no te bañes	báñese no se bañe	bañémonos no nos bañemos	bañaos no os bañéis	báñense no se bañen
cortarse	córtate no te cortes	córtese no se corte	cortémonos no nos cortemos	cortaos no os cortéis	córtense no se corten
despertarse	despiértate no te despiertes	despiértese no se despierte	despertémonos no nos despertemos	despertaos no os despertéis	despiértense no se despierten
ducharse	dúchate no te duches	dúchese no se duche	duchémonos no nos duchemos	duchaos no os duchéis	dúchense no se duchen
quitarse	quítate no te quites	quítese no se quite	quitémonos no nos quitemos	quitaos no os quitéis	quítense no se quiten
sentarse	siéntate no te sientes	siéntese no se siente	sentémonos no nos sentemos	sentaos no os sentéis	siéntense no se sienten
ponerse	ponte no te pongas	póngase no se ponga	pongámonos no nos pongamos	poneos no os pongáis	pónganse no se pongan
ponérselo	póntelo no te lo pongas	póngaselo no se lo ponga	pongámonoslo no nos lo pongamos	ponéoslo no os lo pongáis	pónganselo no se lo pongan
quitárselo	quítatelo no te lo quites	quíteselo no se lo quite	quitémonoslo no nos lo quitemos	quitáoslo no os lo quitéis	quítenselo no se lo quiten

Otras construcciones imperativas

Hay otras construcciones que pueden expresar una orden.

1. Presente de indicativo(a veces)-orden fuerte

Vas a la escuela inmediatamente. ¿De acuerdo?
Vienes conmigo si estás libre.
Ahora mismo ***te lavas*** las manos.

2. Futuro de indicativo -Orden enfocada en el futuro

Vendrás a mi casa esta tarde.
No se quedará allí, esperándolo regresar a este pueblo.

3. [Que + subjuntivo]

(Te mando) ***Que se lo digas*** a ella.
(Te digo) ***Que no te enfades*** *con*migo.

4. [¿Por qué no...?]

¿***Por qué no me miras***? (=Mírame)
¿***Por qué no vienes*** al aeropuerto a recibirme?
(=Ven al aeropuerto a recibirme.)

5. [¿Quiere(s) ...?]

¿***Quieres callarte***? (=Cállate)
Niños, ¿***queréis callaros***?

6. [A + INF]

¡Chicos, ***a dormir***!
¡***A caminar***!

7. INFINITIVO- La orden al público

No fumar. (=No fumen)
No tirar colillas. (=No tiren colillas)
Todos, ***subir*** al tren.

8. Sustantivo, Adverbio, Preposición, etc.

¡Silencio!
¡Socorro!
¡Alto!
¡Fuera de aquí!
¡Cuidado!
¡Aplausos!
¡Largo!
¡De prisa!

Lección 14

Ejercicios

I. Convierta las siguientes frases en oraciones imperativas.

① Practicar español

② Comprar una corbata

③ Llevar a Juan a la escuela

④ Aprender coreano

⑤ Comer esta paella

⑥ Vivir tranquilo

⑦ Tener cuidado con el alcohol

⑧ Hacer un viaje al extranjero

⑨ Ser un buen hombre

⑩ Decirlo a los compañeros

II. Convierta las siguientes frases en oraciones imperativas.

① No hablar en voz alta

② No salir de la clase

③ No decir tonterías

④ No cerrar la puerta

⑤ No irse de juerga

⑥ No tener miedo a este perro

⑦ No dar un paseo por el parque

⑧ No compartir el piso con Paco

III. Convierta las oraciones afirmativas en negativas.

① Apaga la televisión. →

② Dime lo que te interesa. →

③ Fumad en este lugar. →

④ Vete ahora a la escuela. →

⑤ Ponte aquí. →

IV. Convierta las oraciones negativas en afirmativas.

① No nos pongamos la corbata. →
② No os deis prisa. →
③ No me lo diga. →
④ No seas un hombre tímido. →
⑤ No nos levantemos temprano. →

V. Corrija los errores en las siguientes oraciones.

① No ven aquí.
② Ponte relajados.
③ Coman tranquilo en el comedor.
④ Vamonos a la iglesia.
⑤ No poned el libro en la mesa.

Antoni Gaudí

Antoni Gaudí es uno de los más grandes arquitectos de la época moderna. Sus obras, entre las que se destaca el templo de la Sagrada Familia en Barcelona, son el fruto de una gran creatividad y atrevimiento constructivo, que constituyen auténticas joyas de la arquitectura contemporánea. Gaudí nació en 1852 y estudió en la Escuela Superior de Arquitectura. Era tal la fantasía de sus proyectos, que sus profesores se preguntaban si era un loco o un genio.

Criado en la pobreza, en los primeros años de su ejercicio profesional Gaudí llevó una activa vida social y vestía como un dandy, pero con el tiempo fue convirtiéndose en un asceta que dormía en un precario lecho, y comía solamente pan con miel y algunas frutas. Vestía ropas raídas y por eso, cuando en una tarde de 1926 un tranvía atropelló a un anciano pobremente vestido, al principio nadie supo que se trataba del gran Gaudí, tan querido en Barcelona. Fue llevado a sección de caridad del hospital, y cuando trataron de trasladarlo a una habitación de lujo, se negó diciendo: "Mi sitio está aquí, con los pobres", y allí murió.

* Contenido extraído (y modificado) de "http://www.lafamilia.info/index.php?destino=/historia2.php?idh=82"

USOS DEL SUBJUNTIVO

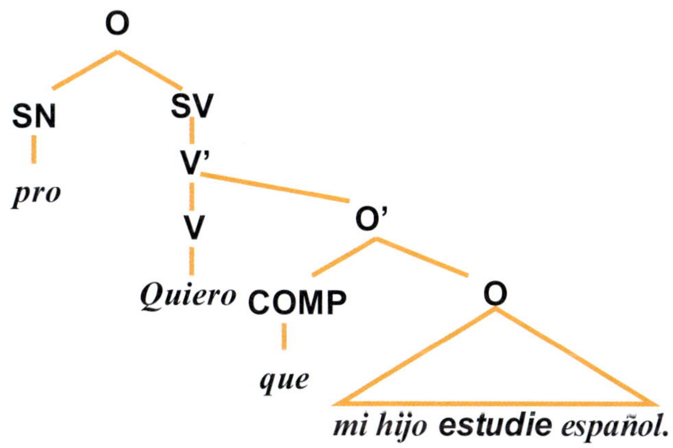

$S_1 + V_1 + \text{que} + S_2 + V_2 + O$
$[S_1 \neq S_2]$, $[V_1$ influye a $V_2]$ ➡ ***V_2 [Subjuntivo]***

Suj. O pr.	Verbo O pr.	Conj.	Suj. O sub.	Verbo O sub.	Obj. O sub.	Ejemplos
S_1	pres.	que	S_2	pres. sub.	O	***Deseo*** que ella ***estudie*** español.
	pres. perf.					***He deseado*** que ella ***estudie*** español.
	Imper.					***Dilo*** a ella que ***estudie*** español.
S_1	Pret. ind.	que	S_2	Pret. imp. subj.	O	***Deseé*** que ella ***estudiara*** español.
	Pret. imperf.					***Deseaba*** que ella ***estudiara*** español.
	Condicional					***Desearía*** que ella ***estudiara*** español.
S_1	futuro	que	S_2	pres. subj.	O	***Desearé*** que ella ***estudie*** español.

$[S_1 = S_2]$ ➡ **Infinitivo**

Deseo
He deseado
Deseé
Deseaba
Desearía
Desearé

estudiar español.

Verbos que requieren el subjuntivo

1. Verbos de *deseo*
(desear, esperar, preferir, querer)

Deseo / ***Espero*** / ***Quiero***	que *salgas* pronto.
Deseaba / ***Esperaba*** / ***Quería***	que *salieras* pronto.
Desearé / ***Esperaré*** / ***Querré***	que *salgas* pronto.

2. Verbos de *ruego*
(pedir, rogar, solicitar, suplicar)

Me piden / ***Me ruegan*** / ***Me solicitan***	que *me encargue de* ese asunto.
Me pidieron / ***Me rogaron*** / ***Me solicitaron***	que *me encargara de* ese asunto.
Me pedirán / ***Me rogarán*** / ***Me solicitarán***	que *me encargue de* ese asunto.
Pídanme / ***Ruéguenme*** / ***Solicítenme***	que *me encargue de* ese asunto.

3. Verbos de *sentimiento*
(alegrarse, lamentar, temer)

Se alegra de / ***Lamenta*** / ***Teme***	que Ana *regrese* a su patria.
Se alegró de / ***Lamentó*** / ***Temió***	que Ana *regresara* a su patria.
Se alegrará de / ***Lamentará*** / ***Temerá***	que Ana *regrese* a su patria.

4. Verbos de *negación* o *duda*
(negar, oponerse, dudar, sospechar)

Niegas / ***Dudas***	que yo *sea* responsable.
Negaste / ***Dudaste***	que yo *fuera* responsable.
Negarás / ***Dudarás***	que yo *sea* responsable.
Niega / ***Duda***	que yo *sea* responsable.

5. Verbos de *mandato* u *obligación*
(decir, hacer, mandar, ordenar, exigir, obligar)

Le dicen / ***Le obligan a***	que *se vaya* a Corea.
Le dijeron / ***Le obligaron a***	que *se fuera* a Corea.
Le dirán / ***Le obligarán a***	que *se vaya* a Corea.
Díganle / ***Oblíguenle a***	que *se vaya* a Corea.

● Estos, salvo ***decir***, admiten la construcción de infinitivo.
Le {ordenan/ ordenaron/ ordenarán} ***irse*** *a Corea.*

6. Verbos de *prohibición o permiso*
(prohibir, dejar, permitir)

Nos has prohibido / ***Nos has dejado***	que *cantemos.*
Nos habías prohibido / ***Nos habías dejado***	que *cantáramos.*
Nos prohibirás / ***Nos dejarás***	que *cantemos.*
Prohíbenos / ***Déjanos***	que *cantemos.*

● Estos también admiten la O de infinitivo.
Nos *{has prohibido/ habías prohibido}* ***cantar***.

Indicativo en la O afirmativa VS Subjuntivo en la O negativa

7. Verbos de comunicación u opinión
(decir, mencionar, afirmar, explicar)

Te digo *Te afirmo*	que Inés ***ha venido*** a vernos.
Te dije *Te afirmé*	que Inés ***había venido*** a vernos.
Te diré *Te afirmaré*	que Inés ***ha venido*** a vernos.

No te digo ***No te afirmo***	que Inés ***haya venido*** a vernos.
No te dije ***No te afirmé***	que Inés ***hubiera venido*** a vernos.
No te diré ***No te afirmaré***	que Inés ***haya venido*** a vernos.

Indicativo en la O afirmativa VS Subjuntivo en la O negativa

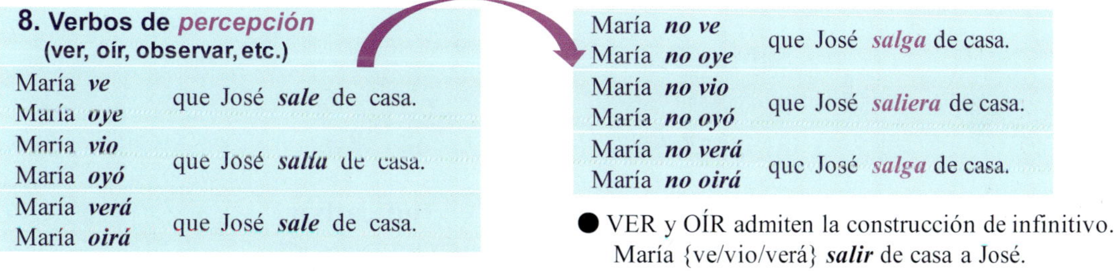

8. Verbos de percepción
(ver, oír, observar, etc.)

María ***ve*** María ***oye***	que José ***sale*** de casa.
María ***vio*** María ***oyó***	que José ***salía*** de casa.
María ***verá*** María ***oirá***	que José ***sale*** de casa.

María ***no ve*** María ***no oye***	que José ***salga*** de casa.
María ***no vio*** María ***no oyó***	que José ***saliera*** de casa.
María ***no verá*** María ***no oirá***	que José ***salga*** de casa.

● VER y OÍR admiten la construcción de infinitivo.
María {ve/vio/verá} ***salir*** de casa a José.

Cf. María ***verá*** que José {***sale***(futuro cercano)/ ***saldrá***(futuro)} de casa.

Indicativo en la O afirmativa VS {Indicativo/ Subjuntivo} en la O negativa

El modo depende del contenido de la subordinada.
- lo seguro VS lo inseguro-

9. Verbos de actividad mental
(pensar, recordar, creer, opinar, etc.)

Piensas ***Crees***	que ella ***vivía*** allí.
Pensaste ***Creíste***	que ella ***había vivido*** allí.
Pensarás ***Creerás***	que ella ***vivía*** allí.
Piensa ***Cree***	que ella ***vivía*** allí.

No piensas ***No crees***	que ella ***{viviera/ vivía}*** allí.
No pensaste ***No creíste***	que ella ***{hubiera vivido/ había vivido}*** allí.
No pensarás ***No creerás***	que ella ***{viviera/ vivía}*** allí.

Cf. En la O imperativa negativa, se presupone que el hablante y el oyente ya se dan cuenta del contenido de la subordinada, por eso se usa el indicativo:
No pienses que {te ***amo***/ ella ***vivía*** allí}.

Subjuntivo en la O sustantiva

El predicado o atributo de la O principal expresa **incertidumbre, sorpresa, sentimiento, probabilidad, etc.**

SER + atributo + que + S + *subjuntivo* + O

SER + bastante, conveniente, dudable, increíble, mejor, necesario, preciso, posible, imposible, probable, etc.

Es ***{mejor/ necesario/ posible}*** que ***terminemos*** el trabajo lo más pronto posible.

Era ***{mejor/ necesario/ posible}*** que ***termináramos*** el trabajo lo más pronto posible.

Será ***{mejor/ necesario/ posible}*** que ***terminemos*** el trabajo lo más pronto posible.

Subjuntivo	
No es ***{cierto/ evidente/ seguro / verdad}***	que María ***venga*** aquí.
Es ***dudable***	

Indicativo	
Es ***{cierto/ evidente/ seguro / verdad}***	que María ***viene*** aquí.
Es ***indudable***	

● El artículo EL o la construcción apositiva EL HECHO DE puede aparecer ante la oración sustantiva de QUE (O sustantiva-Valor neutro, Concordancia en masculino y en singular).
{El hecho de que/ El que / Que} no venga no tiene nada que ver con su enfermedad.

Subjuntivo en la O impersonal

El verbo de la O impersonal expresa **incertidumbre, sorpresa, sentimiento, probabilidad, etc.**

Verbo impersonal + que + S + *subjuntivo* + O

bastar con, convenir, desagradar, extrañar, fastidiar, gustar, importar, molestar, poder (ser), sorprender, etc. + que

{Basta con/ Conviene/ Extraña} que ella ***haya llegado*** a casa a tiempo.
{Bastó con/ Convino/ Extrañó} que ella ***hubiera llegado*** a casa a tiempo.
{Bastará con/ Convendrá/ Extrañará} que ella ***haya llegado*** a casa a tiempo.

Te {fastidia/ importa/ molesta/ sorprende} que ***fume***.
Te {fastidiaba/ importaba/ molestaba/ sorprendía} que ***fumara***.
Te {fastidiará/ importará/ molestará/ sorprenderá} que ***fume***.

Cf. Indicativo

{Consta/ Parece/ Sucede} que ella ***ha llegado*** a casa a tiempo.

Subjuntivo en la O adjetiva

1. Antecedente inespecífico

Antecedente inespecífico + que + *subjuntivo*

Busco *(a) una chica* que ***pueda*** hablar en español.
Buscaba *(a) una chica* que ***pudiera*** hablar en español.
Buscaré *(a) una chica* que ***pueda*** hablar en español.

Busco *(a unas) chicas* que ***puedan*** hablar en español.
Buscaba *(a unas) chicas* que ***pudieran*** hablar en español.
Buscaré *(a unas) chicas* que ***puedan*** hablar en español.

Busco *una chica* que ***pueda*** hablar en español.	**Inesp.**	Existencia insegura
Busco *a una chica* que ***{pueda/ puede}*** hablar en español.	**Inesp.**	Existencia supuesta
Busco *a la chica* que ***puede*** hablar en español.	**Espec**	Persona concreta

Cf. [los/ las + N]- Puede expresar el *valor tanto específico como inespecífico.*

Te recomendaré **a *los* chicos** que ***{no han ido/no hayan ido}*** de vacaciones.

Acción acabada VS Acción inacabada

Busqué a *una* chica que ***podía*** hablar en español. (Pretérito indefinido)
Buscaba a *una* chica que ***pudiera*** hablar en español. (Pretérito imperfecto)

2. Antecedente que tiene interpretación arbitraria

[Acción inacabada]

Iba a hacer *lo que* ***pudiera*** hacer.
Haré *lo que* ***pueda*** hacer.

Iba a contar *con quien* ***viniera*** primero.
Contaré *con quien* ***venga*** primero.

[Acción acabada]

Hizo lo que ***pudo*** hacer.
Conté *con* quien ***vino*** primero.

[Proceso en acción]

Hago lo que ***puedo*** hacer.

3. Antecedente = pronombre indefinido

¿Hay ***alguien*** que ***pueda*** acompañarme a la fiesta?

No tengo a ***nadie*** que ***pueda*** acompañarme a la fiesta.
No tenía a ***nadie*** que ***pudiera*** acompañarme a la fiesta.
No tendré a ***nadie*** que ***pueda*** acompañarme a la fiesta.

Pronombres indefinidos:

¿Hay ***algo*** en el frigorífico?
-No, no hay ***nada***.
¿Quieres tomar ***algo*** fresco?
-***No, no*** quiero tomar ***nada.***
¿Hay ***alguien*** en casa?
-***No, no*** hay ***nadie.***

¿Hay ***algún*** *chico* en el aula?
-No, no hay ***ninguno***.
-***Sí,*** hay *{**alguno/algún** chico}*.
¿***No*** hay ***ningún*** *chico* en el aula?
-***No, no*** hay ***ninguno***.
-***Sí,*** hay *{**alguno/algún** chico}*.

Alguien llamó a la puerta pero {***nadie*** contestó/ no contestó nadie}.
Alguien llamó a la puerta pero ***no*** *le* contestó ***ninguna de ellas***.
Algunas de ellas llamaron a la puerta y ***alguien*** les contestó.

Subjuntivo en la O adverbial

Las oraciones adverbiales funcionan como un adverbio y desempeñan la función de complemento circunstancial.

- Si la O adverbial expresa **una experiencia o situación real**, aparece el **INDICATIVO**.
- Si la O adverbial expresa **una presuposición o situación futura**, aparece el **SUBJUNTIVO**.

Oraciones	Modo	Conjunciones
Temporales	**Ind./Subj.**	cuando, en cuanto, desde que, hasta que, antes/después (de) que, siempre que, a medida que, mientras, tan pronto como, etc.
Concesivas	**Ind./Subj.**	aunque, a pesar de que, aún cuando, sin embargo de que, pese a que, etc.
Finales	**Subj.**	para que, a fin de que, con el fin de que, de modo que, de suerte que, etc.
Condicionales	**si: Ind./Subj.** **Otras: Subj.**	si, con (tal) (de) que, a no ser que, en caso de que, siempre que, como, a condición de que, mientras, etc.
Causales	**Ind.**	porque, ya que, puesto que, pues, como, etc.
Consecutivas	**Ind.**	así que, por eso, entonces, de modo que, etc.

1. Oraciones temporales

Ind./Subj. cuando, en cuanto, desde que, hasta que, antes/después (de) que, siempre que, a medida que, mientras, tan pronto como, etc.

● ***Experiencia o situación real* ▶ *IND.***

Cuando / *Siempre que* ***nos encontramos,*** me ***saluda***.

Me saluda *cuando* / *siempre que* ***nos encontramos.***

Ella no lo ***dice*** a nadie *hasta que le* ***aviso***. / *mientras* ***estás callado***

A medida que / *Según* ***iban entrando,*** se lo ***decía.***

● ***Presuposición o situación futura* ▶ *SUBJ.***

Cuando / *Siempre que* ***nos encontremos,*** me ***saludará***.

Salúdeme *cuando* / *siempre que* ***nos encontremos.***

Ella no lo ***dirá*** a nadie *hasta que le* ***avise.*** / *mientras* ***estés callado.***

A medida que / *Según* ***vayan entrando,*** se lo ***diré.***

¡Ojo!

Pero ***[antes de que]*** siempre exige el subjuntivo, pues presupone un evento posterior.

Me despierto / Me desperté ***antes de que*** ***suene*** *el despertador.* / ***sonara*** *el despertador.*

Me despertaré / Despiértame ***antes de que*** ***suene*** *el despertador.*

2. Oraciones concesivas

Ind./Subj. aunque, a pesar de que, pese a que, sin embargo de que, aún cuando, etc.

● ***Experiencia o situación real ▶ IND.***

Aunque / *A pesar de que* **estudia,** no aprueba el examen.

Aunque / *A pesar de que* ***ha estudiado,*** no ha aprobado el examen.

Aunque / *A pesar de que* **estudió,** no aprobó el examen.

● ***Situación futura o no realizada ▶ SUBJ.***

Aunque / *A pesar de que* ***estudie,*** no aprobará el examen.

Aunque tú no lo ***sepas,*** yo te he visto andar sola.

Había que hacer una apuesta, *aunque* ***saliera*** *mal.*

Se puede emplear el subjuntivo para expresar dudosamente una situación real.

Aunque ***estés*** / ***estás*** *gorda,* te quiero.

Aunque ***sea*** / ***soy*** *español,* no me gustan los toros.

● **Construcción concesiva especial**

por **más(mucho)** / **ADJ/ ADV** **que + Subjuntivo**

Por más(mucho) que ***grite,*** nadie le prestará atención.

Por muy bonita que ***seas,*** no me atraerás.

3. Oraciones finales

Subj. para que, a que, a fin de que, con el fin de que, de modo que, de suerte que, etc.

Como el tiempo de la subordinada va retrasado al de la principal, se emplea ***el subjuntivo***.

Compro este abrigo *para que* / *a fin de que* *te lo* ***pongas.***

Compré este abrigo *para que* / *a fin de que* *te lo* ***pusieras.***

Compraré este abrigo *para que* / *a fin de que* *te lo* ***pongas.***

Cuando los sujetos son el mismo, se usa el Infinitivo.

Compro este abrigo
Compré este abrigo *{para/a fin de}* ***regalártelo.***
Compraré este abrigo

● SP de función circunstancial VS SP regido por el verbo

Preparo las maletas ***para que viajes.*** ➡ Preparo las maletas.
Las maletas sirven ***para que viajes.*** ➡ *Las maletas sirven.

● [esperar + O final] VS [esperar + O nominal]

¿***A qué*** esperamos? -Esperamos **a que** la sartén ***esté*** caliente . [O final]
Esperamos **a que** el agua ***hierva*** para poder seguir cocinando.
¿***Qué*** esperamos? -Esperamos ***que nos reciba Inés.*** [O nominal]

4. Oraciones condicionales

(Ind.)/Subj. si, con (tal) (de) que, a no ser que, a menos que, en caso de que, siempre que, como, a condición de que, mientras, salvo que, etc.

● ***[Si + Indicativo]*** ▶ ***Condición posible***

*Si **fuma***, **le** regalo / regalaré un mechero.

*Si **han llegado***, me quedaré aquí.
*Si **leyó** mi aviso*, pudo evitar el peligro.
*Si **naciste** en ese pueblo*, eres mi paisano.

● ***[Si + Pret. de subj., modo condicional]***
▶ ***Suposición contraria al hecho presente o poca posibilidad***

Si fumara, le ***regalaría*** un mechero.
Si tuviera dinero, te lo ***prestaría.***
Si yo fuera tú, no lo ***amaría.***

● ***[Si + Pretérito Pluscuamperfecto de subjuntivo, Condicional perfecto/ Pret. Pluscuamperfecto de subj.]***
▶ ***Suposición contraria al hecho pasado o poca posibilidad***

*Si **hubiera fumado***, le ***habría(hubiera) regalado*** un mechero.
*Si **hubiera tenido*** dinero, te lo ***habría(hubiera) prestado.***
*Si yo **hubiera sido*** tú, no lo ***habría(hubiera) amado.***

Conjunciones condicionales salvo SI
▶ SUBJUNTIVO

Me *prestas* el dinero ***{con tal de que/ a condición de que}*** *te lo devuelva.*
Me *prestaste* el dinero ***{con tal de que/ a condición de que}*** *te lo devolviera.*
Me *prestarás* el dinero ***{con tal de que/ a condición de que}*** *te lo devuelva.*
Préstame el dinero ***{con tal de que/ a condición de que}*** *te lo devuelva.*

Partiremos mañana ***{a menos que/ excepto que/ salvo que}*** *llueva.*
A no ser que *se resuelva ahora el malentendido entre tú y yo,* nunca puede ser resuelto.

5. Oraciones causales

Indicativo porque, que, ya que, puesto que, pues, como, etc.

Abrígate bien, ***que*** *hace mucho viento.*
No podemos verle, ***porque*** *se ha marchado.*
Zapatero defiende reforma, **ya que** cerrar ojos hoy llevaría situación difícil.
Yo no compro nada, ***pues*** *no tengo dinero.*
No podré comprar el piso, ***puesto que*** *perdí todo el dinero en el casino.*
Puesto que *no sé nadar,* no iré a la piscina.

La O causal introducida por COMO siempre precede a la O principal:
Como *no están aquí,* no podemos decírselo.

Porque - Conjunción causal.
No quiero comprarlo ***porque*** *es demasiado caro.*

Por que – [**por**(prep.) + que(pron. rel.)- Se puede sustituir por "el cual, la cual", etc.
Esta es la puerta *{**por que** < **por la que**} entraron los ladrones.*
Se desconoce la enfermedad *{**por que** < **por la que**} se murió Juan.*

Por qué - Why [Por(preposición) + qué(pronombre interrogativo)
¿Por qué no has venido a la fiesta? (Interrogativa directa)
No sé ***por qué*** *Inés no ha asistido a la fiesta.*(Interrogativa indirecta)

Porqué - Sustantivo (▶ *la causa, el motivo*)
No explica nunca ***el porqué*** de sus decisiones.
Me llaman la atención ***los porqués*** de su desaparición.

6. Oraciones consecutivas

Las oraciones consecutivas, tanto de coordinación como de subordinación, expresan la consecuencia de la acción principal. El verbo de la oración consecutiva va en **indicativo.**

1) Oraciones consecutivas de coordinación

Ind. luego, por consiguiente, por (lo) tanto, así que, así pues, por eso, de modo que, etc.

Pienso, ***luego*** *existo.*
Estaba muy sola, ***por eso*** *se casó.*
Has estudiado mucho, ***por lo tanto*** *tendrás buenas notas.*
De cobardes nunca se ha escrito nada, **así que** hay que ser valiente.
Todas las habitaciones del hotel son suites y **por consiguiente** son de gran tamaño.

2) Oraciones consecutivas de subordinación

Ind.	**Calidad / Cantidad**	*tan + Adj. o Adv. + que ...; tanto(a,tos,tas) + N + que...*
	Manera	*{tal/ así} + N + que*

Ella es ***tan bonita que*** *no puedo menos que mirarla.*
La comida era ***tan picante que*** *la dejamos intacta.*

Lo guardas ***tan bien que*** *no lo encuentras.*
Te amo ***tanto que*** *por ti moriría.*

Hace ***tanto ruido que*** *no deja dormir a nadie.*
Le debo ***tanto que*** *no podría recompensarle nunca.*

Tal era su mirada ***que*** *no pude decirle la verdad.*
Así estaba enfadada ***que*** *no quiso ni hablar.*

Así canta ella ***que*** *todo el mundo quiere verla.*

Me miró *de **tal** forma **que** no pude hablar alto.*
Daba ***tales*** *gritos* ***que*** *ensordecía a toda gente.*

7. Subjuntivo en otras oraciones adverbiales

1) Construcciones que expresan el valor concesivo

(1) ***[Subjuntivo + relativo + subjuntivo]***

Venga quien venga, no me importa.
Diga lo que diga, no lo escucharé.
Estés donde estés, estás en mi corazón.
Vaya adonde vaya, la gente me pide ayuda.

(2) ***[Relativo indefinido + que + subjuntivo]***

Cualquiera que te guste, lo recibirás.
Quienquiera que llame, dile que no estoy.
Dondequiera que vaya, todo el mudo le recibirá con gran entusiasmo.

(3) ***[Subjuntivo + o + no subjuntivo]***

Lo diga o no lo diga, su secreto es ése.
Venga o no venga, la reunión va a empezar a tiempo.

2) La construcción *[QUE + subjuntivo]* que expresa *el límite de reconocimiento.*

Que yo sepa, ella no cometió ni un error.
Que yo recuerde, la toma de Granada fue en 1492.
Que yo haya visto, nadie ha llegado.
El niño, ***que sepamos,*** no es su hijo.

3) *[COMO (CUAL) SI+ subjuntivo]*
(Expresa *el modo o manera*)

{Hablamos/Hablábamos} ***como si*** *fuéramos hermanos.*
Juan come ***como(cual) si*** *estuviera muerto de hambre.*
Inés {come/ comió} ***como si*** *estuviera a dieta.*
Me siento ***como si*** *hubiera nacido aquí.*
Cuando nos fuimos sentíamos ***como si*** *hubiéramos sido amigos desde hace mucho tiempo.*

4) *[SIN QUE+ subjuntivo]*
(Expresa *el modo o manera*)

No me voy ***sin que*** *me pidas perdón.*

8. Subjuntivo en las oraciones independientes

1) O introducida por los *adverbios de duda o probabilidad* ▶ Indicativo o Subjuntivo

{Tal vez/ Quizás/ Acaso} viene a verme. **[convicción]**
{Tal vez/ Quizás/ Acaso} venga a verme. **[duda]**
{Tal vez/ Quizás/ Acaso} viniera a verme. **[mayor duda]**

{Posiblemente/ Probablemente} se ha ido al campo. **[convicción]**
{Posiblemente/ Probablemente} se haya ido al campo. **[duda]**

2) O introducida por la palabra exclamativa OJALÁ ▶ Subjuntivo

(1) [Ojalá + Presente o Presente perfectivo de subjuntivo] ➡ Deseo posible de realizar
¡Ojalá (que) {venga/ haya venido} a recibirnos!

(2) [Ojalá + Pretérito o Pluscumperfecto de subjuntivo] ➡ Deseo imposible de realizar
¡Ojalá (que) {viniera/ hubiera venido} a recibirnos!

3) Otras oraciones exclamativas ▶ Subjuntivo

Deseo imposible de realizar: *¡{**Quién/ Así**} lo dijera!*

¡Ojo! [Pretérito de subjuntivo de los verbos QUERER o DEBER]
➡ Expresión cortés
Quisiera pedirle un favor.
Debiera acompañarme.

Usos diversos de las conjunciones

1. Mientras (que)

(1) Acción simultánea

***Mientras que {estás** ahí/ **estés** ahí}*, no te olvides de escribirme. (experiencia/ no experiencia)

(2) Acción simultánea + Condición

No te hablaré, ***mientras (que)*** *no me* ***pagues.*** (no experiencia)

(3) Significado de "en cambio"

Yo viajo mucho, ***mientras que*** *tú no has salido de Seúl.*(experiencia)

(4) Gradación comparativa

Mientras más lo *piensas*, ***menos*** lo *entiendes*. (experiencia)
Mientras más lo *pienses*, ***menos*** lo *entenderás*. (no experiencia)

2. Como

(1) Causa	***Como*** *tengo mucho que hacer,* no puedo salir.
(2) Modo	Hazlo ***como*** *quieras.*

3. Siempre que

(1) Tiempo	***Siempre que*** *llego puntual a la cita* no hay nadie allí para comprobarlo. Aquí estaré ***siempre que*** *me necesites.*
(2) Condición	Te invitaré a mi cumpleaños, ***siempre que*** *me invites al tuyo.*

4. Estructuras contrastivas

[yo que tú...]; [tú, al contrario que él...]; [yo en su lugar]; [él, al revés que su hija].

Yo que(*de) tú no lo haría
Al contrario que usted, yo pienso que cualquier sitio es bueno para vivir.
Cf. [al contrario + SN que encierra una O relativa]
Yo, ***al contrario de(*que) lo que tú piensas***, creo que es mejor así.

Lección 15

Ejercicios

I. Rellene los espacios en blanco con la forma adecuada.

① Espero que tú (   ) a Cuba a bailar la salsa. (ir)

② Pienso que nosotros (   ) a ganar el premio. (ir)

③ Afirmáis que nosotros no (   ) superar unas pruebas. (poder)

④ Deseaba que aquel delicioso momento no (   ) nunca. (acabar)

⑤ Me alegré de que mis amigos me (   ) a una fiesta. (invitar)

⑥ Mi padre me había prohibido que (   ) con Josefina. (casarse)

⑦ Era necesario que nosotros (   ) a ayudaros. (venir)

⑧ Me ordenaron que (   ) una lámpara a la sala. (traer)

⑨ Pídame que lo (   ) a la estación. (llevar)

⑩ Temía que ellos no (   ) a la conferencia. (asistir)

⑪ No dejarán que nadie extraño (   ). (acercárseles)

⑫ Le obligaron a que (   ) el abrigo y los zapatos.(quitarse)

⑬ Una corte negó que un feto (   ) una persona. (ser)

⑭ Diles que (   ) en la clase. (callarse)

⑮ Vi que el carro de la basura (   ) recogiendo hojas de plantas.(estar)

II. Transforme las siguientes oraciones en negativas.

① Creemos que tienes razón.

→

② Esperaré que ellos puedan acercárseme para pedir ayuda.

→

③ Dígales que resuelvan el problema inmediatamente.

→

④ Dudo que él pueda hacerlo.

→

⑤ Es evidente que ellos llegan a la clase a tiempo.

→

III. Rellene los espacios en blanco con la forma adecuada.

① Te digo que (   ) a recibir a ese huésped. (ir)

② Te digo que Juan (   ) responsable del trámite. (ser)

③ No les dijimos que (   ) a recibirnos. (venir)

④ Ella me dijo que María (   ) estar conmigo. (querer)

⑤ Les hacen que (   ) un ratito en el banco. (sentarse)

IV. Rellene los espacios en blanco con la forma adecuada.

① Buscamos un hombre que (   ) hablar en ruso. (poder)

② He detectado el virus que (   ) llegar a borrar datos del disco duro.(poder)

③ Vi a quien (   ) primero. (venir)

④ No tengo a nadie que (   ) ayudarme. (poder)

V. Rellene los espacios en blanco con la forma adecuada.

① Cuando nosotros (   ), quiere charlar conmigo. (encontrarse)

② Te acompañaré hasta que la muerte nos (   ).(separar)

③ No consigo ejecutar el programa, a pesar de que todo (   ) correcto. (estar)

④ Por muy bonita que (   ) una planta, sin agua no crece.(ser)

⑤ ¿Qué hago para que a mi hijo le (   ) leer. (gustar)

⑥ Si tú (   ) alguna duda, pregúntamela en seguida. (tener)

⑦ Nosotros habríamos ido a la playa si (   ) calor.(hacer)

⑧ No tome el medicamento salvo que el médico (   ) lo contrario. (indicar)

⑨ (   ) lo que (   ), la gente estará en contra de tu opinión. (decir)

⑩ Ojalá que te (   ) la lotería. (tocar)

VI. Rellene los espacios en blanco con la conjunción adecuada.

① (　　) tienes libre albedrío, puedes quedarte aquí o marcharte.

② Hace tanto frío (　　　) el agua se congela.

③ Pienso, (　　　　) existo.

④ Nada de eso, (　　　) yo sepa, ha ocurrido en Seúl.

⑤ Me sentí tan bien (　　　) dejé de tomar las medicinas.

⑥ Compórtate como (　　) estuvieras en casa.

⑦ Un delincuente resultó herido y detenido (　　　　　　　　　　) su cómplice escapó tras un tiroteo con un policía en Londres.

⑧ Hágalo (　　　　) quiera.

VII. Corrija los errores en las siguientes oraciones.

① Creemos que la Biblia sea la palabra inspirada de Dios.

② En un mundo civilizado, no hay nada que justifica la guerra.

③ Es indudable que el progreso económico de un país dependa de su preparación científica y tecnológica.

④ Regresaremos al pueblo antes de que anochece.

⑤ Parece que mi mujer tenga anemia.

Semana Santa

La Semana Santa es la conmemoración anual cristiana de la Pasión, Muerte y Resurrección de Jesús de Nazaret o, lo que es igual, conmemorar sus últimos días; por ello, es un período de intensa actividad litúrgica dentro de las diversas confesiones cristianas. Da comienzo el Domingo de Ramos y finaliza el Domingo de Resurrección, aunque su celebración suele iniciarse en varios lugares el viernes anterior (Viernes de Dolores) y se considera parte de la misma el Domingo de Resurrección.

La Semana Santa va precedida por la Cuaresma, que culmina en la Semana de Pasión donde se celebra la eucaristía en el Jueves Santo, se conmemora la Crucifixión de Jesús el Viernes Santo y la Resurrección en la Vigilia Pascual durante la noche del Sábado Santo al Domingo de Resurrección.

Durante la Semana Santa tienen lugar numerosas muestras de religiosidad popular a lo largo de todo el mundo, destacando las procesiones y las representaciones de la Pasión.

* Contenido extraído (y modificado) de "http://es.wikipedia.org/wiki/Semana_Santa"

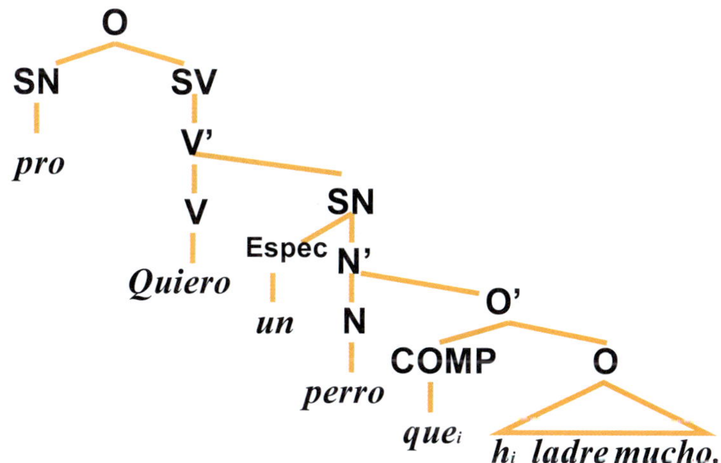

Relativización

Unir dos oraciones simples en las que aparece el mismo sustantivo para formar una sola oración compuesta.

O simple 1 Juan me va a dar ***el libro***.
O simple 2 ***El libro*** trata de la historia de España.

PROCESO I

el libro **de la** *O simple 1* ▶ *que*

➡*El libro* (***Juan me va a dar*** *[el libro➡ que]*) trata de la historia de España.
➡*El libro* (*que* ***Juan me va a dar*** □) trata de la historia de España.
➡*El libro* *que* ***Juan me va a dar*** trata de la historia de España.

PROCESO II

el libro **de la** *O simple 2* ▶ *que*

➡Juan me va a dar *el libro* (*[el libro➡ que]* ***trata de la historia de España***).
➡Juan me va a dar *el libro* (*que* □ ***trata de la historia de España***).
➡Juan me va a dar *el libro* *que* ***trata de la historia de España.***

● Oración nominal VS Oración relativa (o adjetiva)

Quiero que te vayas.

➡ *Lo quiero.*
➡ La conjunción QUE no tiene papel en la O subordinada.

Quiero **un libro *que trata de lingüística.***

➡ Quiero **un libro *lingüístico.***[O relativa ➡ Adjetivo]
➡ El relativo QUE ejerce el papel de SUJETO en la O subordinada.

Dos tipos de oraciones relativas

Oraciones restrictivas
(o especificativas)

Restringen el significado del antecedente con el cual forman un solo grupo fónico.

María vive en **una casa *que* está al lado de esta calle.**
Los libros *que me hacen leer* son muy aburridos.

Oraciones no restrictivas
(o explicativas)

Aportan una información complementaria y van separadas por pausas.

María vive en **una casa, *que* está al lado de esta calle.**
Los libros, ***que me hacen leer,*** son muy aburridos.

● Cuando el antecedente expresa la ***unicidad***, se usa sólo el uso no restrictivo.

Yo, que soy responsable, te lo garantizo.
Ana suele seguir a ***Juan, quien no le presta atención.***

Pronombres relativos & sus antecedentes

Los **pronombres relativos** se refieren a su antecedente, e introducen una oración subordinada adjetiva de la que forman parte. Pero los antecedentes no aparecen cuando se sobreentienden o no llaman la atención de los hablantes.

Quien es bueno, no hace mal a nadie. Yo no soy ***el que era antes.***

Oraciones compuestas	Función (Relativo)	Función (Antec.)
Quiero **el libro *que trata de lingüística.***	Sujeto (que)	OD (el libro)
Los libros *que me hacen leer* son aburridos.	OD (que)	Sujeto (los libros)
Estimamos al **chico *a quien dieron el premio.***	OI (quien)	OD (el chico)
Me quedaré en **la casa *en que vive mi abuelo*.**	Compl. prep. (que)	Compl. prep. (la casa)

Usos de los relativos

1. QUE | Conc.-X | Persona/ Cosa | *O restrictiva/ no restrictiva*

Los árboles, *que son altos,* han sido podados.
Los árboles *que son altos* han sido podados.

1) Debe tener un **antecedente explícito**.

Mira a ese niño ***que trata de cruzar el río***.
Aquí está **el libro *que me regalaste.***
No hay nadie ***que pueda ayudarme.***
¿Qué tienes tú ***que ver con ese asunto***?

2) Si QUE es OD de persona, la preposición ***A*** no aparece.

El hombre ***que (=a quien) tú amas*** no piensa en ti.
Allí vienen los niños ***que (=a quienes) estamos esperando.***
*El hombre ***a que tú amas*** no piensa en ti.

3) En ***O restrictiva***, puede llevar solo ***a, con, de, en*** y ***por*** si no se trata de persona.
(Es más preferible el compuesto [art. + que].)

La casa *en que vivía yo* está lejos de aquí.
Esta es **la novela *{a que<a la que} me refiero.***
Esa es **la razón *por que*** *fui a la escuela.*
*La casa, *en que vivía yo, está lejos de aquí.*
-No se usa con ***ante, hacia, para, debajo de,*** etc. -
*Este es el templo ***ante que*** *se encuentra la estatua.*

● ***Excepción***-DE aparece ante QUE [+ personal]. ¿Se acuerda de**l hombre *de que le estoy hablando***?

4) EN puede suprimirse si QUE es complemento circunstancial de tiempo: **[(EN)+ QUE]**

No puedo olvidarme de**l día *(en) que te vi primero*.**
Fuimos a Valencia **el año *(en) que nos visitaron nuestros amigos.***

Cf. Fuimos a Valencia {en ese año/ ese año}.
*La bomba estalló {en ese momento/ *ese momento}.*
*El momento {en que/ *que} estalló la bomba se produjo una gran confusión.*

2. QUIEN | Conc.-Núm. | Persona | *O restrictiva/ no restrictiva*

1) QUIEN con antecedente explícito

a. QUIEN sin preposición *sólo en O no restrictiva*

Voy a ver a mi abuelo, ***quien está enfermo.***

Los chicos, *quienes vinieron a verme,* son favorables a nuestra opinión.

Los chicos *quienes vinieron a verme son favorables a nuestra opinión.

Cf. ***Los chicos *quienes vinieron a verme*** son favorables a nuestra opinión.
Los chicos *que vinieron a verme* son favorables a nuestra opinión.

b. QUIEN con preposición – *en O restrictiva/ no restrictiva*

La mujer *de quien me hablaste* es simpática.

Ayudo a **los minusválidos, *con quienes comparto las penas y alegrías.***

2) QUIEN con antecedente implícito

Quien bien te quiere te hará llorar.

Quienes trabajan más, ganan más dinero.

Le voy a traer a Ud. a ***quien le pueda ayudar.***

Se refirió a ***quienes son favorables a nosotros.***

3. EL QUE, la que, los que, las que

▌Conc.-G/N ▌Persona/ Cosa ▌*O restrictiva/ no restrictiva*

Compatibilidad *[el que ⇔ el cual o quien]*

1) Pronombre compuesto *[artículo + que]*

a. EL QUE sin preposición – *sólo en O no restrictiva*
Ese hombre, el que es libre, puede llamar a Dios Padre. (=*Ese hombre, quien es libre, ...*)
Las chicas, las que son hermanas, quieren trabajar juntas.
No estudió casi nada, ***lo que (=lo cual)*** significa que le darán suspensos. *(Antec. ➡ O)*

b. EL QUE con preposición – *en O restrictiva/ no restrictiva*
Ha llegado **la chica *de la que te hablé.*** *(...la chica {de quien/ de la cual} te hablé...)*
Allí está **el museo *detrás del que se encuentra la RAE.*** *(*...*el museo *detrás de que ...)*
Ignacio es su primer novio, ***al que amó con la pasión casi demente.*** *(*...* novio, *a que ...)*
He encontrado a **este chico, *con el que quiero salir y pasar el tiempo.*** *(*...*chico, *con que ...)*

2) *[artículo + (sustantivo) + que]* Puede sustituirse por ***quien*** o ***cuanto***.

Te voy a traer ***{al que/ a la que} te pueda ayudar.****(=... a quien ...)*
Se refirió a ***{los que/ las que} son favorables a nosotros.*** *(=...*a *quienes ...)*
No comprendo ***lo que(=cuanto) me dijiste.***

(1) **Conmutabilidad:** Me comunicaré con ***{los que/ aquellos que} nos apoyan.***

(2) **[todo, toda, todos, todas] ante el artículo**

Me comunicaré con ***{todos los que/ todos aquellos que} nos apoyan.***

(3) **Recuperabilidad del sustantivo implícito**

Me comunicaré con ***{los / aquellos}*** **hombres** ***que nos apoyan.***

4. EL CUAL, la cual, los cuales, las cuales

▌Conc.-G/N ▌Persona/ Cosa ▌*O restrictiva/ no restrictiva*

Debe tener un antecedente explícito, que generalmente se sitúa lejos del relativo.
Se puede usar detrás de cualquier preposición, (preferentemente tras una larga).
Puede tener un tono demasiado formal en el lenguaje coloquial.

1) Cuando no hay una preposición, sólo se usa en cláusulas explicativas.

Juan me presentó a **ese chico** de nacionalidad española, ***el cual va a ir a EEUU a estudiar inglés.***
La inmigración va en aumento*, *lo cual (lo que) genera fuertes tensiones sociales.

2) Cuando hay una preposición, se puede usar en las dos cláusulas (Pero hay algunos que prefieren el uso explicativo en este caso).

La comunicación es **el proceso *por el cual se emiten mensajes.***
Había **altos árboles *a través de los cuales se veía un lago.***
Esa es **la razón *por la cual (por la que) juegan.***

Se usa cuando se relativiza una parte del antecedente:
Eligieron a **diez representantes,** *cinco de **los cuales** fueron recomendados por mí.*

Ese miembro, *la existencia **del cual** no nos llama la atención,* se queda callado.
=**Ese miembro**, ***cuya existencia*** *no nos llama la atención,* se queda callado.

Para distinguir los antecedentes (EL CUAL es más específico que QUIEN o QUE)
El amigo de *mi hermana*, *la cual* vive en Seúl, quiere estudiar español.
El amigo de mi hermana, *el cual* vive en Seúl, quiere estudiar español.

5. CUANTO, cuanta, cuantos, cuantas

▌Conc.-G/N ▌Persona/ Cosa ▌ Expresa "cantidad".

1. Funciona como pronombre relativo, con antecedente expreso o sin él.

Te daré ***cuanto(=lo que) pueda tener.***
Recibimos **a *cuantos vienen a vernos.***
Cuantos vinieron, recibieron un regalo.
(Cuantos=Los que)

Normalmente ***todo*** aparece como antecedente.
Te daré **todo *cuanto pueda tener.***
Recibimos **a todos *cuantos vienen a ver este país.***
Todos cuantos vinieron, recibieron un regalo.

2. Se usa también en correlación con *tanto*, lo que expresa una comparación de igualdad referida a cantidad.

Ella tiene **tanto dinero cuanto** puede necesitar. Quiero ganar **tanto dinero cuanto** sea posible.

3. Ante *más* y *menos*, introduce estructuras comparativas proporcionales.

Cuanto más te amo, menos caso me haces.
Cuanto menos se trabaja, menos se gana.
Cuanto menos tienes más feliz eres.

Al segundo segmento de estas, puede preceder *tanto.*
Cuanto más se **tiene, tanto más** se desea.
Cuantos más problemas **tienes tanto más** vivo estás.

Tanto aparece más frecuente cuando el segmento introducido por *cuanto* va pospuesto.
Te daré ***tanto*** dinero ***cuanto*** quieras. ***Tanto*** ganamos ***cuanto*** trabajamos.

4. La frase en plural [*unos/as, algunos/as, otros/as* + cuantos/tas] expresa la indefinitud. (=*unos pocos, algunos pocos* y *otros pocos*).

Perder unos cuantos kilos rejuvenece los corazones obesos.
En unas cuantas horas diremos adiós a este año.
Ahí van **otros cuantos**.

Usos de los adjetivos relativos

1. *CUYO, cuya, cuyos, cuyas*

| *Conc.-G/N* | *Persona/ Cosa* | *O restrictiva/ no restrictiva* |

En la subordinada, CUYO funciona como un adjetivo posesivo.

1) **Debe tener un antecedente explícito.**
Concuerda con el nombre que SIGUE (NO con el antecedente).

Tienes un amigo cuyos hermanos se encuentran en EE UU.
Quiero ver un edificio cuyos planos fueron diseñados por Antonio Gaudí.

Me gusta **el piso** ***cuyas habitaciones son grandes.***
Me gusta **el piso,** ***cuyas habitaciones son grandes.***

Ese miembro ***cuya existencia no nos llama la atención*** se queda callado.
Ese miembro, ***cuya existencia no nos llama la atención,*** se queda callado.

En el caso del uso explicativo se permite la conmutación con otro relativo [artículo + cual].
Me gusta **el piso,** ***las habitaciones del cual son grandes.***
Ese miembro, ***la existencia del cual no nos llama la atención,*** se queda callado.

Cuando CUYO precede a varios nombres coordinados, solo concuerde con el primero.
No puedo votar a un partido ***cuyo presidente y miembros*** *mienten constantemente.*

CUYO es poco usado en la lengua hablada.
Conozco a la chica ***que tiene un hermano médico. (← cuyo hermano es médico).***

2. *CUANTO, cuanta, cuantos, cuantas*

| *Conc.-G/N* | *Persona/ Cosa* | *O restrictiva* |

Antepuesto a un nombre, funciona como adjetivo relativo, con sentido equivalente a *todo el* + sust. + *que*.

Mi padre me entrega ***cuanto dinero*** (= *todo el dinero que*) ***ha acumulado.***
Ella leyó ***cuantos libros*** (= *todos los libros que*) ***le di anteayer.***

Antepuesto a los adjetivos *más* y *menos,* introduce estructuras comparativas proporcionales.

Cuantas más horas trabajamos, más dinero ganamos.
Cuantas más horas trabajes peores resultados obtendrás.

En plural, precedido de los indefinidos *unos/as, algunos/as* y *otros/as,* forma una locución adjetiva indefinida.

He pasado **unos cuantos días** en la playa.
Llevo unas cuantas semanas en Sevilla.

Usos de los adverbios relativos

Los **adverbios relativos** son cuatro: **donde, cuando, como, cuanto**.
Se emplean con significado de lugar, tiempo, modo y cantidad, respectivamente.
Pueden tener antecedentes y ser sustituidos, a veces, por la construcción [prep. + pron. rel.].

1. *Donde*

Puede tener un antecedente o no.

La casa ***donde (=en que) vivía yo*** está lejos de aquí. (que = pron.rel.)
Allí se ve **la aldea** ***a donde(=a la cual) me dirijo.*** (la cual = pron. rel.)

Quiero vivir ***donde todos se aman unos a otros.***
Te seguiré ***a donde vayas.***

Al coordinarse con otro adverbio relativo, no es el último elemento de la coordinación.

Trabajaré ***donde y cuando*** *yo quiera.*

[a, de, desde, en, hacia, hasta, para, por + donde] indican distintas relaciones de lugar. (destino, origen, situación, dirección, tránsito)

Estoy en **el lugar de donde** soy.

Salí a **la calle por donde pasa el autobús.**

Cuando el verbo expresa movimiento, se emplean las formas *a donde* (o *adonde*) y *donde.*

Te seguiré ***{a donde/ adonde/ donde}*** *vayas.*
El pueblo ***{adonde/ donde}*** *te llevo está lejos de aquí.*

Es opcional el uso de *en* ante *donde,* pero preferentemente se elide cuando no hay antecedente.

La **casa {en donde/ donde} vivo** no es mía. Aprende **(en) donde quieras.**

2. *Cuando*

Con antecedente introduce oraciones adjetivas de significado temporal.
El uso explicativo es más frecuente que el especificativo.

Este año, cuando fui al pueblo, aún era mejor el paisaje.
Recuerdo **el día** ***cuando(=en que) nació mi hijo.***

Sin antecedente, introduce oraciones adverbiales de tiempo(=en el momento en que)

Cuando estoy en casa, me siento solo. **Cuando** esté en casa, me sentiré solo.

3. *Como*

Adverbio relativo de modo

Puede llevar o no antecedente explícito (N-*modo, manera, forma,* etc./ Adv.-*tal, así)*

Hazlo **de la manera *como quieras.***	Hazlo ***como quieras.***
Así *como me hablaron,* se marcharon.	Puedes controlar la situación ***como quieras.***

Al coordinarse con otro adverbio relativo, no ocupa la última posición.

Me vestiré como y cuando yo quiera.

COMO también puede funcionar como:

Conjunción	**Preposición:** Significa *en calidad de.*
Quiero ser enfermera **como** mi mamá. Quiero ser **como mi** madre. **Tanto** a ti **como** a mí nos gusta la fiesta. ***Tanto*** *tú* ***como*** *yo lo sabemos bien.* **Como soy novato,** no sé cómo solucionarlo.	**Como presidente,** nombró *{Ø / *como}* embajador en Cuba a Juan Bosque. *Considero a Ana {como / Ø} mi hija.* *Cf. nombrar, denominar, elegir, declarar(se)* ↔ *Considerar, estimar, juzgar*

4. *Cuanto*

Duermo cuanto puedo.
Te hará **sufrir cuanto** puedas.
Aquí podremos **divertirnos cuanto** deseemos.

Cuanto antes
=lo más pronto posible:
Espero que te mejores cuanto antes.

Comparación proporcional

1) [Cuanto + mejor, peor, mayor, menor, antes, más, menos]

Cuanto más se divierte el animal, **menos** lo hace el dueño.

Cuánto mejor duermes, mejor te encontrarás.

2) Tanto ~ *cuanto ~(cuanto ~ tanto ~)*

Tanto ganamos ***cuanto*** *trabajamos.*

Cuanto más alto coloques tu meta, **tanto más** crecerás.

Conmutación entre los relativos

Sujeto	**La casa *{que/ *la que} te interesa*** está en venta. **La casa, *{que/ la que} te interesa,*** está en venta.
Objeto directo	**La chica *{a la que/ a quien/ a la cual} quieres*** me envió un regalo. **La chica, *{a la que/ a quien/ a la cual} quieres,*** me envió un regalo.
Objeto indirecto	**La chica *{a la que/ a quien/ a la cual} escribí*** me envió un regalo. **La chica, *{a la que/ a quien/ a la cual} escribí,*** me envió un regalo.
Complemento preposicional	Esta es **la casa *{en la cual/ en la que/ en que/ donde} vivía.*** **Esta casa, *{en la cual/ en la que/ *en que/ donde} vivía,*** está en venta.

Oraciones escindidas o enfáticas

Español: Es + *elemento enfatizado* + **relativo** ...	**Inglés: It is** + *elemento enfatizado* + **that** + ...
Es ***el chico*** *quien debe estudiar más.*	*It is* ***the boy*** *that must study harder.*

Elemento enfatizado		
	SUJETO	Es **el niño** ***{quien/ el que}*** *debe estudiar más.* Era **la niña** ***{quien/ la que}*** *debía estudiar más.* Son **los niños** ***{quienes/ los que}*** *deben estudiar más.* Eran **las niñas** ***{quienes/ las que}*** *debían estudiar más.*
	OBJETO	Es **al niño** ***{a quien/ al que}*** *debes atender.* Es **a los niños** ***{a quienes/ a los que}*** *debes atender.*
	COMPLEMENTO PREPOSICIONAL	Es **de la niña** ***{de quien/ de la que}*** *debes cuidar.* Es **de las niñas** ***{de quienes/ de las que}*** *debes cuidar.* No fue **por Inés** sino **por María** ***{por quien/ por la que}*** *sufrí.*
	NOMBRE DE COSA	Es **aquel libro** ***{el que/ lo que}*** *nos interesa.* Era **aquel libro** ***{el que/ lo que}*** *nos interesaba.* Son **aquellos libros** ***{los que/ lo que}*** *nos interesan.* Es **en aquellos libros** ***{en los que/ en lo que}*** *tenemos interés.* Fue **por estas razones** ***{por las que/ por lo que}*** *no fue allí.*
	LUGAR → donde **TIEMPO → cuando** **MODO → como** **CANTIDAD → cuanto**	Es **aquí** ***donde*** *ha saltado la polémica.* Es **de este lugar** ***de donde*** *se ve mejor el lago.* Fue **entonces** ***cuando*** *le tiró una bala.* Fue **a tiros** ***como*** *lo mataron.* Fue **mojado** ***como*** *llevó el sombrero.* Fue **un día** ***cuanto*** *trabajaron.*

Silepsis o concordancia gramatical

Soy ***yo el que*** *te* ***busqué.*** Soy ***yo el que*** *te* ***buscó.***

Relativos indefinidos

Pueden referirse a persona, cosa, lugar, modo y tiempo.

PERSONA	quienquiera	quien*es*quiera
	cualquiera	cual*es*quiera
COSA	cualquiera	cual*es*quiera
LUGAR	dondequiera	-
MODO	comoquiera	-
TIEMPO	cuandoquiera	-

Para pluralizar la forma, debe añadirse *–ES* no a la final de la palabra sino al final del primer componente de la palabra compuesta.

1. quienquiera

Es un pronombre indefinido que significa *cualquiera*.
Se usa normalmente como antecedente del relativo *que*.

Ayudaré a ***quienquiera que desee estudiar.***

Estaré en contacto con ***quienquiera que tenga interés en este tema.***

Ellos, ***quienesquiera que fuesen,*** lo sabían bien.

2. cualquiera

(1) Es un adjetivo indefinido que se refiere a persona o cosa indeterminada.

Adopta la forma apocopada ***cualquier*** ante un N, tanto masculino como femenino.

Cualquier hombre puede casarse con **cualquier mujer.**

(2) Como pronombre, designa, siempre en singular, a una persona o cosa indeterminada.

Cualquiera (de nosotros) puede tener algún familiar en paro.

Al refirirse a cosas, lleva siempre un complemento partitivo, sea explícito o implícito.

Elige **cualquiera de los regalos** de nuestro catálogo.

Puede preceder al relativo *que* y un verbo en subjuntivo. Cuando va seguido del verbo *ser,* adquiere valor concesivo equivalente a *sea cual sea.*

Cualquiera que te guste, lo recibirás.

A este concurso puede concurrir cualquier artista, **cualquiera que sea su nacionalidad.**

(3) La forma plural del adjetivo y del pronombre *cualquiera*: *cualesquiera* (**cualesquieras*)

Cualesquiera que sean los motivos, no se justifica su reacción.

Hay personas que no aprecian su vida por {**cualesquiera/ cualesquier(no usual)} causas.**

3. dondequiera

Es un adverbio indefinido de lugar que significa 'en cualquier parte', o 'a cualquier parte'. *Dondequiera* se emplea muy frecuentemente como antecedente del relativo *que: dondequiera que estés, dondequiera que vayas.* No debe suprimirse el relativo en estos casos.

Desde ***dondequiera que estés*** puedes enviarme un correo electrónico.
Con este cargador solar, podrás cargar el teléfono móvil **dondequiera** que estés.
Te seguiré {**adondequiera > dondequiera} que vayas.**

[Adv. Relativo + subjuntivo del verbo *querer*]
Quédese **donde quiera.** La gente puede ir a **donde quiera.**

4. comoquiera

Es un adverbio de modo que significa 'de cualquier manera'.

Ellos consiguieron **comoquiera** el objetivo.

comoquiera que* + *subjuntivo: Significa 'de cualquier modo que'.
Comoquiera que sea, no es cristiano el que no va a misa.
Puede hacerlo **comoquiera** que le guste.

comoquiera que* + *indicativo: Significa 'dado que, puesto que'.
Comoquiera que aún tiene contrato en vigor, aguantará hasta el último momento.

[Adv. Relativo + subjuntivo del verbo *querer*]
Hágalo **como quiera.**

5. cuandoquiera

Es una locución conjuntiva temporal que significa 'siempre que' o 'en cualquier momento en que'.

Es importante para mí trabajar ***cuandoquiera que sea necesario.***

[Adv. relativo + subjuntivo del verbo querer]
Puedo **volver a casa cuando quiera**.

Subjuntivo en las oraciones relativas

1. Se emplea cuando el antecedente se refiere a un nombre inespecífico.

Busco **una chica** ***que sepa hablar en español.***
Es atractivo **un hombre** ***que tenga simpatía*** **aunque no sea guapo.**

2. Se emplea cuando el contexto expresa la situación futura.

¿Cuál será **el** ***que obtenga el premio***?
Será FIFA **la** ***que intervenga en la concesión del pase.***

Coordinación de las oraciones relativas

Hay hombres ***que son ricos*** **y** ***que quieren más dinero.***
Los avaros son hombres ***que son ricos*** **pero** ***cuyos deseos de tener más dinero no cesan.***

Lección 16

Ejercicios

I. Forme una oración compuesta de relativo uniendo dos oraciones.

① Esta es la casa. / María quiere vender la casa.

→

② Juan es el chico. / El chico se acuesta boca abajo.

→

③ No me gusta la chica. / Conocí a la chica ayer.

→

④ La gente caza a los animales inocentes. / Eso es un acto cruel.

→

⑤ Ellos preparan unos vídeos ecológicos. / A través de los vídeos ecológicos puede apreciarse la vida silvestre.

→

⑥ Disneylandia es un lugar ideal. / Las historias de duendes se hacen realidad en ese lugar.

→

⑦ Se quedó dormido durante el día. / Ese día no tuvo intenciones de dormir una siesta.

→

⑧ Me gusta dibujar el paisaje de esa manera. / El pintor lo hace de esa manera.

→

II. Rellene los espacios en blanco con los relativos adecuados.

① ( ) bien te quiere te hará llorar.

② Allí se ven unos árboles a través de ( ) veo un lago bonito.

③ Comprendí ( ) me dijiste.

④ Los chicos, la mayoría de ( ) son coreanos, tienen mucho interés en la literatura española.

⑤ Recibí con cariño a ( ) vinieron a celebrar esta fiesta.

⑥ Iremos a un chalet, (   ) dueño es el padre de Pablo.

⑦ El banquero no nos quiere entregar (   ) dinero debe pagarnos.

⑧ La ciudad (   ) vive mi amiga se encuentra muy lejos de aquí.

III. Complete las construcciones enfáticas.

① Fue el chico (   ) la llevó a un médico.

② Son las mujeres (   ) sacrifican su vida profesional para dedicarse a sus hijos.

③ Es esa casa (   ) mi padre ha comprado.

④ En las universidades es a las mujeres (   ) más atrae esta carrera.

⑤ No fue por ellas (   ) sufrimos.

⑥ Es por esta razón (   ) el dólar ha comenzado a bajar en relación al euro.

⑦ Fue aquí (   ) el escritor empezó a escribir esa obra.

⑧ Es precisamente de aquí (   ) sale el aire.

⑨ Fue a pie (   ) fuiste al colegio.

⑩ Soy yo (   ) estudia más en la escuela.

IV. Explique las diferencias semánticas entre las dos oraciones.

① ⓐ Los árboles que están cerca de las líneas eléctricas tienen que podarse.

ⓑ Los árboles, que están cerca de las líneas eléctricas, tienen que podarse.

② ⓐ Tenemos que atender a los animales que han sido abandonados.

ⓑ Tenemos que atender a los animales, que han sido abandonados.

V. Corrija los errores en las siguientes oraciones.

① Allí está Juan que era mi ex alumno.
② ¿Quién es ese chico con que anda Inés?
③ Los alumnos quienes toman esta asignatura deben estudiar mucho.
④ Sabes cuál es la causa por el que tu perro comenzó a actuar así.
⑤ Esta es la aldea que vivía mi padre.
⑥ Este es el edificio delante de que se celebró la procesión.
⑦ A este colegio asisten alumnos cuyos edades están entre los 8 y los 13 años.
⑧ Quiero recibir con cariño a los invitados, quienquieras que sean.
⑨ Tengo que llevar estas llaves conmigo dondequiera que voy.
⑩ Somos yo los que tienen que ir de picnic.

Flamenco

El **flamenco** es un género español de música y danza que se originó en Andalucía en el siglo XVIII, que tiene como base la música y la danza andaluza y en cuya creación y desarrollo tuvieron un papel fundamental los andaluces de etnia gitana. El cante, el toque y el baile son las principales facetas del flamenco. En noviembre de 2010 la UNESCO declaró al flamenco Patrimonio Cultural Inmaterial de la Humanidad.

* Contenido extraído (y modificado) de "(http://es.wikipedia.org/wiki/Flamenco)"

LECCIÓN 17

ORACIONES COMPARATIVAS Y SUPERLATIVAS

Los grados de comparación del adjetivo son tres:

POSITIVO Es el adjetivo en su forma simple, básica: alto, guapo, hermoso, etc.

COMPARATIVO Establece la comparación entre dos o más cosas.

SUPERLATIVO Denota el más alto grado de una cualidad.

Gradación del adjetivo y del adverbio

Tiene siempre como punto de partida el adjetivo o adverbio en su grado positivo.

Comparación de superioridad	**más**	+	Adj./Adv.	+	**que**
Comparación de inferioridad	**menos**	+	Adj./Adv.	+	**que**
Comparación de igualdad	**tan**	+	Adj./Adv.	+	**como**
	tanto(ta,tos,tas)	+	N	+	**como**

Superlativo absoluto	**Adj. + ísimo**
	muy + Adj. / muy poco + Adj.

Superlativo relativo	**ADJ.**	**el,la,los,las +(N) + más/menos + Adj. +(de,entre,etc.)**
	ADV.	**más/menos + Adv. +(de,entre,etc.)**

COMPARATIVOS Y SUPERLATIVOS IRREGULARES

Adjetivo	Adverbio	Comparativos(adj./adv.)	Superlativos(Sólo adj.)
mucho	**mucho**	***más***	***lo más***
poco	**poco**	***menos***	***lo menos***
bueno	**bien**	***mejor***	***óptimo*** ***el,la,(los,las) mejor(es)***
malo	**mal**	***peor***	***pésimo*** ***el,la,(los,las) peor(es)***
grande	-	***mayor/ (más grande)***	***máximo*** ***el,la,(los,las) mayor(es)***
pequeño	-	***menor/ (más pequeño)***	***mínimo*** ***el,la,(los,las) menor(es)***

Estas formas irregulares se han derivado del latín culto, y también hay otras como las siguientes.

superior	***inferior***
interior	***exterior***
citerior	***ulterior***

Comparación del adjetivo y del adverbio

Ella es ***bonita.***
Yo soy ***bonita.***

Si comparamos el grado de la hermosura entre las dos,

→ ***Ella*** *es* ***más*** *bonita* ***que*** *yo (soy).*
Es frecuente que se elida el verbo.

Comparación de superioridad

adjetivo

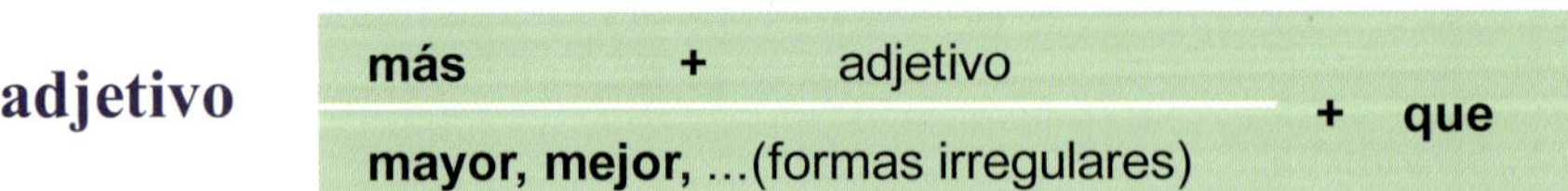

1) Cuando el adjetivo es atributo del sujeto,

Juan es ***más alto que*** yo.
Yo soy ***más bajo que*** Juan.
Estas flores son ***más bonitas que*** aquéllas.
Ellos son ***mejores que*** yo.

2) Cuando el adjetivo es modificador del N,

Ella es *una chica* ***más bonita que*** yo.
Ellas son *unas chicas* ***más bonitas que*** yo.
Este ordenador tiene una pantalla con *una resolución* ***mejor que*** las de las ordinarias.

adverbio

más + adverbio		+ **que**
más, mejor, ...(formas irregulares)		

Ignacio corre ***más rápido que*** yo.
Ella llegó ***más temprano que*** nosotros.
Ellas cantan mucho ***mejor que*** yo.
Te agradezco ***más*** por haber estudiado mucho ***que*** por agradarme con las buenas notas.

Comparación de inferioridad

adjetivo

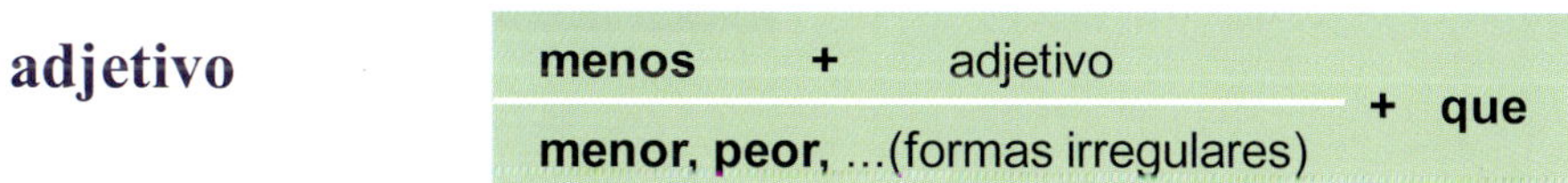

menos + adjetivo	+ **que**
menor, peor, ...(formas irregulares)	

1) Cuando el adjetivo es atributo del sujeto,

Ella es ***menos bonita que*** yo.
Estas casas son ***menos bonitas que*** aquélla.
Esta casa es ***peor que*** aquélla.

2) Cuando el adjetivo es modificador del N,

Ella es *una chica* ***menos bonita que*** yo.
Ellas son *unas chicas* ***menos bonitas que*** yo.

adverbio

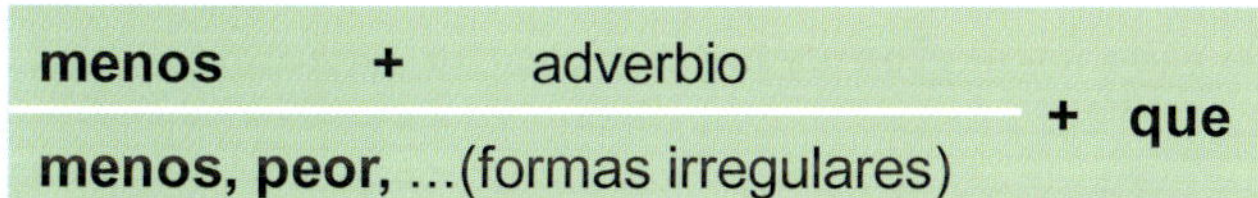

menos + adverbio	+ **que**
menos, peor, ...(formas irregulares)	

Ella corre ***menos rápido que*** yo.
Ella llegó ***menos temprano que*** Ana.
Ella canta ***peor que*** yo.

● Al modificar al pronombre indefinido, el adjetivo se pospone a él.

Me va a pasar *algo bueno*.   *¿Algo más? -Nada más*, gracias.

Construcciones comparativas especiales

El edificio tiene una altura ***superior a*** la de la montaña.
Este modelo es ***inferior a*** aquél.
Antonio es ***inferior a*** José en el tenis.
Juan persigue un fin económico ***más que*** político.

¡Ojo!

Formas homónimas - más & menos

Adjetivos (modifican al N)
Ella tiene ***más {dinero/ libros} que*** yo.
Ella tiene ***menos {dinero/ libros} que*** yo.

Adverbios (modifican al V)
Juan corre ***{más/ menos} que*** yo.

Modificación de los adverbios *más/ menos (...que...)*

Ella es {*mucho/ bastante/ un poco*} ***más*** bonita ***que*** yo.
Ella corre {*mucho/ bastante/ un poco*} ***menos*** rápido ***que*** yo.

Cf. *Ella es {*muy/ tan/ cuan*} ***más*** bonita ***que*** yo.

Modificación por la cuantificación

Ella es ***dos años más*** vieja ***que*** yo.
Juan gana ***tres veces más que*** yo.

Modificación de los adjetivos *más/ menos N (...que...)*

Los adjetivos ***alguno, mucho, poco, tanto, harto, etc***. aparecen como modificadores y concuerdan **en género y número** con el N que sigue a ***más*** o ***menos.***

Juan bebe ***poca más agua que*** yo.
Ahora compro **muchos más libros que** nunca.
Te escribo con ***algún más cariño***.
Son ***muchos más*** los que lo quieren.

Pero es imposible la modificación ante ***mayor, mejor, menor*** y ***peor*** .

*Hay ***muchas mayores flores que*** ayer.

Comparación de igualdad

tan + Adj./ Adv. tanto(ta,tos,tas) + N	+ como

El cuantificador indefinido TANTO puede funcionar como adjetivo, como pronombre y como adverbio. Como adjetivo y como pronombre, presenta variación de género y número (*tanto, ta; tantos, tas*).

adjetivo

1) Cuando el adjetivo es atributo del sujeto,

Ella es ***tan bonita como*** yo.
Estas flores son ***tan bonitas como*** aquéllas.

2) Cuando el adjetivo es modificador del N,

Ella es una chica ***tan bonita como*** tú.
Ellas son unas chicas ***tan bonitas como*** tú.

Casos especiales

La historia es tan divertida como yo esperaba.

adverbio

El adverbio *tanto* adopta la forma apocopada *tan* delante de adjetivos y adverbios, pero es invariable (*tanto)* cuando modifica a un verbo.

Ella corre ***tan rápido como*** yo.
Ellas cantan ***tan bien como*** vosotros.
La primavera no está **tan lejos como** parece.

Ella corre ***tanto como*** ellos.

sustantivo

Ellos ganan ***tanto dinero como*** yo.
Nos diferencian ***tantas cosas como*** nos unen.
Aquí podrás ganar **tanto dinero como** tú quieras.

Pronombre

No sé ***tanto como*** dicen.
Mientes casi ***tanto como*** hablas.

TANTO: No se apocopa.

Al modificar a verbos

No sé por qué me gustas ***tanto***.

Al ir precedido del indefinido un (=un tanto: locución cuantificativa)

Esta página Web me parece ***un tanto*** interesante.

Al ir delante de más, menos, mayor, menor, mejor o peor

Cuanto más, tanto mejor.
Cuanto más alto coloque el hombre su meta, tanto más crecerá.

Cf. mayor(adjetivo relacionado con la edad, no tiene valor comparativo)

A veces me siento **tan** mayor.

Otras construcciones comparativas de igualdad

Ella me atiende ***igual que*** tú.
Tu esposo te ama ***como siempre*** lo ha hecho.
Francia entrará en ***el mismo*** *grupo* ***que*** Italia.
La casa de María es ***la misma que*** la de su madre.
La política ***no*** es ***otra cosa que*** la continuación de la guerra.
Este punto de vista es ***similar*** *(=análogo)* ***a***l de Saussure.
Estas chicas son ***tanto*** guapas ***como*** inteligentes.
Su política es apoyada ***a la vez*** por la derecha ***y*** por la izquierda.
Preferimos que las cosas sigan ***como*** están.
La economía recuperará su competitividad ***tal y como*** han previsto los expertos.

Grado superlativo

Denota el más alto grado de una cualidad.

Superlativo absoluto

Se puede formar de dos formas:
-con el adverbio de cantidad ***muy***
-con los sufijos ***–ísimo*** (o –érrimo).

muy + adjetivo
adjetivo + - *ísimo (o -érrimo)*

limpio - limpísimo
amplio - amplísimo

-vocal(Se elide) + ísimo	bonito ➡ bonit***ísimo***	*guapo, pequeño, tonto, dulce, verde*
-consonante + *ísimo*	fácil ➡ facil***ísimo***	*difícil, formal, especial, azul*

-co ➡ *-quísimo*	poco ➡ po***quísimo***	*rico, blanco, flaco, seco*
-go ➡ *-guísimo*	largo ➡ lar***guísimo***	*amargo, vago*
-z ➡ *-císimo*	feliz ➡ feli***císimo***	*capaz, eficaz, fugaz, veloz*
-ble ➡ *-bilísimo*	amable ➡ ama***bilísimo***	*agradable, noble, notable, probable*

bueno ➡ ***bonísimo***
fuerte ➡ ***fortísimo***
reciente ➡ ***recentísimo***
antiguo ➡ ***antiquísimo***
sagrado ➡ ***sacratísimo***
pobre ➡ ***paupérrimo***
acre ➡ ***acérrimo***

nuevo ➡ ***novísimo***
caliente ➡ ***calentísimo***
fiel ➡ ***fidelísimo***
sabio ➡ ***sapientísimo***
libre ➡ ***libérrimo***
mísero ➡ ***misérrimo***
célebre ➡ ***celebérrimo***

Muchos admiten las dos formas:

nuevo - ***novísimo / nuevísimo***
fuerte - ***fortísimo / fuertísimo***
cierto - ***certísimo / ciertísimo***
amigo - ***amiguísimo / amicísimo***
cruel - ***cruelísimo / crudelísimo***
pobre - ***pobrísimo / paupérrimo***
negro - ***negrísimo / nigérrimo***

Hay adjetivos que no reducen el diptongo al perder el acento en esa sílaba.

viejo – ***viejísimo*** despierto – ***despiertísimo*** suelto - ***sueltísimo***

Algunos adjetivos añaden el interfijo *-c-*: joven –***jovencísimo***
serio - ***seriecísimo***

Se pierde el acento durante el **proceso de formación**: difícil ➡ ***dificilísimo.***
La forma superlativa admite la adverbialización : dificilísimo ➡ **dificilísima*mente***

Antonio es ***{guapísimo/ muy guapo}.***

Ellos son ***{guapísimos/ muy guapos}.***

Ellas son ***{guapísimas/ muy guapas}.***

Estamos {en una ***pésima*** situación/ en una ***muy mala*** situación}.

Juan me dijo {algo ***aburridísimo/*** algo ***muy poco interesante}.***

1. Existen en el español adjetivos que no admiten el grado superlativo con sufijo:

muy próximo (*proxísimo)
muy heroico (*heroicísimo)
muy católico (*catolicísimo)
muy anterior (*anteriorísimo)
muy ciego (*cieguísimo)

2. Existen algunos adjetivos que comparten un superlativo con sufijo y un superlativo sintético, que procede directamente del latín:

bueno ➡ mejor ➡ óptimo/ bonísimo
pequeño ➡ menor ➡ mínimo/ pequeñísimo
bajo ➡ inferior ➡ ínfimo/ bajísimo
malo ➡ peor ➡ pésimo/ malísimo
grande ➡ mayor ➡ máximo/ grandísimo
alto ➡ superior ➡ supremo/ altísimo

3. Existen adjetivos que tienen significado superlativo y no admiten grados:

principal (*principalísimo/ *muy principal)
eterno (*eternísimo/ *muy eterno)
absoluto (*absolutísimo/ *muy absoluto)
infinito (*infinitísimo / *muy infinito)

4. No deben utilizarse dos marcas de grado para un mismo adjetivo.

****Muy óptimo/ *optísimo)*** ****Muy pésimo/ *pesimísimo*** ****Muy listísimo***

En el habla popular, a menudo se utiliza también la prefijación.
Algunos de los prefijos utilizados son: *requete-*, *sobre-*, *super-*, *extra-*, *etc*.

requeteguapo
archiconocida
superamable
extrasuave

Tambien puede expresarse mediante otros recursos formales.
Por ejemplo, añadiendo algún adverbio (superlativo perifrástico):

bien grande
horriblemente difícil
impresionantemente alto
horrorosamente feo
extraordinariamente inteligente
verdaderamente impresionante
increíblemente bello

Superlativo relativo

Se puede formar de las siguientes maneras:

Adjetivo

el/la/los/las (sustantivo) + más/menos + adjetivo +(de,entre,etc.)

Ella es ***la {más/ menos} bonita*** *de todas las chicas.*
Estas flores son ***las {más/ menos} bonitas*** *en esta tienda.*
Aquella flor es ***la {más/ menos} fea*** *entre todas.*

Ella es ***la chica {más/ menos} bonita*** *de todas.*
Ellas son ***las chicas {más/ menos} bonitas*** *en la escuela.*
Ellos son ***los {mejores/ peores} amigos*** *suyos.*

Adverbio

más/menos + adverbio + (de,entre,etc.)

Ella corre ***{más/ menos} rápido*** *en la escuela.*
Ella canta ***{mejor/ peor}*** *en esta clase.*
Las cosas le van {***mejor/ peor***}.

Ella es ***la que corre {más/ menos} rápido*** *en la escuela.*
Ella es ***la que canta {mejor/ peor}*** *en esta clase.*

Tamaño VS Edad

Existen dos formas para el comparativo de "grande" o "pequeño" :

MAYOR
MENOR

Esta chica es ***{mayor/ menor} que*** aquella.
Esta chica es ***la {mayor/ menor}*** *de todas.*
Cf. Juan se va haciendo ***mayor(=adulto)***.

La bolsa china ya **es mayor que** la japonesa.
Aquel lugar era **mayor que** una habitación.

MÁS GRANDE
MÁS PEQUEÑO

Alterna en el uso con MAYOR/ MENOR, y su empleo es ***especialmente frecuente cuando se hace referencia al tamaño***.

Esta chica es ***{más/ menos} grande que*** aquélla.
Esta chica es ***la {más/ menos} grande*** *de todas.*
Tu casa es ***{más grande=mayor/ más pequeña=menor} que*** la mía.

Cuando se emplea con valor comparativo de tamaño o edad,
es incorrecta su combinación con otras marcas de grado como ***más*** o ***tan***:

Esta mesa es {más grande/ mayor/ *más mayor} que la mía.
Mi hermano Pedro es {mayor/ *más mayor} que tú.

[... mayor de {lo/ el/ la} que...]
(La oración de relativo denota grado o cantidad en relación con la magnitud que se compara):

La inflación es **mayor de lo que** dice el Gobierno.
La cantidad de aspirantes **fue mayor de las que** pensábamos.
Su peso era **mucho mayor del que** correspondía a su tamaño.

[... mayor de {un numeral/ una expresión cuantitativa}]

Su base de datos **es mayor de 1,000** clientes.
El niño **es mayor de 1** año de edad.

- ***hermano mayor/ hermano menor***
- N. abstractos: con {mayor/ menor} frecuencia/ fuerza/ intensidad/ etc.

MAYOR Al referirse a la edad, puede funcionar ***como un adjetivo en grado positivo***. En este caso admite adverbios de grado como ***más, muy*** o ***tan***.

1) 'De no poca edad'. Se opone a *pequeño*:

Los niños ***mayores*** tratan de guardar el secreto.
Eres ***muy mayor*** para jugar a este juego.

2) Puede usarse con el sentido de 'adulto':

Cuando seas *mayor* irás a la mili(=milicia).
Cuando seamos *mayores* lo comprenderemos.
(= Cuando seamos adultos)

3) 'Dc cdad avanzada':

Todos mis amigos son ***muy mayores*, casi ancianos.**
Ella era una mujer ***muy mayor,*** casi una vieja.

[más/ menos de + número] Tengo ***{más/ menos} de*** *diez mil wones.*

[no ... más/ menos de + número] ***No*** tengo ***{más/ menos} de*** *diez mil wones.*

[no ... más que + número] **(= sólo o solamente)**

No tengo ***más que*** *diez mil wones.* = Tengo ***{sólo/ solamente}*** *diez mil wones.*

más		**lo que ...**
	+ adj. / adv. / N + de +	**el/la/los/las que ...**
menos		**lo + adjetivo/ p.p.**

Ella canta ***{mejor/ peor} de lo que*** *creemos.*
Soy ***{más/ menos} inteligente de lo que*** *crees.*
Viniste ***más temprano de lo que*** *me imaginaba.*

Inés tiene ***{más/ menos} dinero del que*** *le hace falta.*
Él consume ***menos agua de la que*** *realmente necesita.*
La mayoría tienen ***más edad de la que*** dicen que tienen.

[no poder menos {que/de} INF]

No pude ***menos que*** escribirle a ella.
Ella ***no*** pudo ***menos que*** venir a vernos.
José ***no*** pudo ***menos de*** sonreír al verlo.

[... tanto ... cuanto]

Te daré ***tanto*** dinero ***cuanto*** quieras.
Aprendes **tantas cosas cuantas** te enseñan.

[Cuanto {más/ menos} ..., {más/ menos/ mejor/ ...}]

Cuanto {más/ menos} trabajamos, ***{más/ menos}*** ganamos.
Cuantos más, mejor.

Lección 17

Ejercicios

I. Rellene los espacios en blanco.

POSITIVO	COMPARATIVO	SUPERLATIVO
① amable		
② alto		
③ mucho		
④ bueno		
⑤ malo		
⑥ grande		
⑦ pequeño		

II. Forme oraciones comparativas de superioridad.

① Eres ( ) ( ) que José María. (atractivo)

② Esta autoescuela es ( ) ( ) que la media española. (caro)

③ Estoy ( ) que el año pasado. (bien)

④ Estas vacas comieron ( ) que aquéllas. (mucho)

⑤ En los adolescentes varones ocurren cambios uno o dos años ( ) ( ) que en las niñas. (tarde)

III. Forme oraciones comparativas de inferioridad.

① Su amiga es ( ) ( ) que la mía. (hermoso)

② Los cerros son ( ) ( ) que las montañas. (alto)

③ Pienso que llegar tarde es algo ( ) que no llegar. (malo)

④ Es injusto que las mujeres ganen ( ) que los hombres. (poco)

⑤ El ave vuela (   ) (   ) que el avión. (rápido)

IV. *Forme oraciones comparativas de igualdad.*

① Miriam y Alfonso son (   ) (   ) como nosotros. (aplicado)

② Ellos son (   ) (   ) como nosotros. (alto)

③ Nunca te he oído hablar (   ) (   ) como ahora. (elegantemente)

④ Nunca he visto en mi vida una mujer (   ) (   ) como ella.(guapo)

⑤ Julia tiene (   ) libros (   ) él.

V. *Forme oraciones superlativas.*

① Don Juan la invitó a bailar con (   ) palabras. (dulce)

② Beatriz es (   ) (   ) (   ) de todas las mujeres. (hermoso)

③ Los platos cubanos son (   ). (rico)

④ Echamos de menos a esas damas (   ). (noble)

⑤ Quiero que te vaya (   ) en la vida. (bien)

VI. *Corrija los errores en las siguientes oraciones.*

① Esperamos una inversión superior que 55 millones de euros.

② Sebastián tiene dinero más que yo.

③ El planeta tenía mucho más agua que ahora.

④ Carmen es cinco años más viejos que Magdalena.

⑤ Te quiero igual a ayer.

⑥ Éstos son ordenadores menos potentes de los que uno se imagina.

⑦ Mario tiene más que diez mil wones.

⑧ No pudieron menos como salir.

⑨ La mujer ha gastado tan dinero que se ha arruinado.

⑩ No hay tales miedos, ni hay tales cosas como no se puedan explicar.

La corrida de toros

La corrida de toros es un espectáculo que consiste en lidiar varios toros bravos, a pie o a caballo, en la plaza de toros.

En la lidia participan varias personas, entre ellas los toreros, que siguen un estricto protocolo tradicional; sólo puede participar como matador el torero que ha tomado la alternativa. Es el espectáculo de masas más antiguo de España y uno de los más antiguos del mundo. Como espectáculo moderno realizado a pie, fija sus normas y adopta su orden actual a finales del siglo XVIII en España, donde la corrida finaliza con la muerte del toro.

Las corridas de toros son consideradas una de las expresiones de la cultura hispánica. Se practican también en Portugal (donde no se le da muerte al toro), en el sur de Francia y en diversos países de Hispanoamérica como México, Colombia, Perú, Venezuela, Ecuador, Costa Rica, Panamá y Bolivia.

Las corridas pueden clasificarse, según la edad y el trapío del toro que se lidia, en becerradas, novilladas y corridas de toros propiamente dichas, y pueden desarrollarse a pie o a caballo. Si se ejecutan las suertes a caballo, el festejo recibe el nombre de corrida de rejones o rejoneo. Cuando se combinan ambas disciplinas en un mismo festejo, se denominan corridas mixtas.

* Contenido extraído (y modificado) de "http://es.wikipedia.org/wiki/Corrida_de_toros"

ORACIONES INTERROGATIVAS Y EXCLAMATIVAS

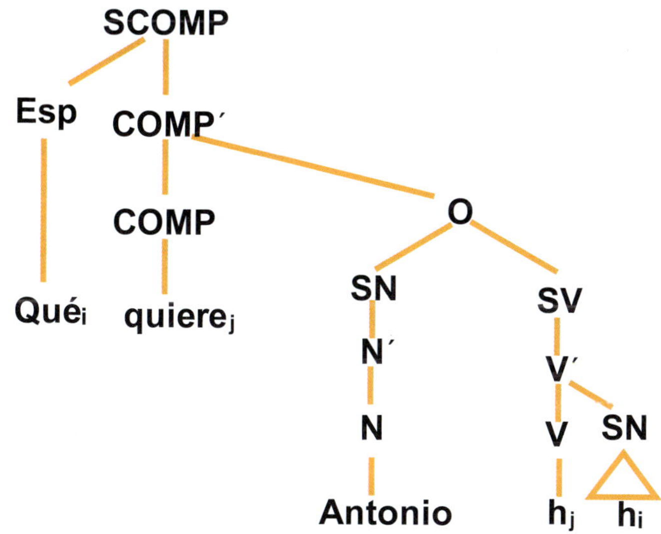

Interrogativos y exclamativos

Los pronombres o adverbios tanto interrogativos como exclamativos que están presentes en una oración interrogativa directa o exclamativa directa, llevan acento gráfico.

	Pron.	**Adj.**	**Adv.**	**Conj.**	**Conc.**	**Significado**
Interr.	qué	qué			-	what(cosa), job(persona)
	quién	-			N	who(persona)
	cuál	cuál(no usual)			N	which(cosa), which person
	cuánto	cuánto	cuán(to)		G/N	how {much/ many}(+/-hum.)
			cuándo		-	when
			dónde		-	where
			cómo		-	how
				si		whether

	qué	qué			-	
	quién	-			N	
Excl.	cuánto	cuánto	cuán(to)		G/N	
			cómo			
				si		

● **[por qué] =[prep.+pron.](why)**
¿***Por qué*** vienes tan tarde?

● **cúyo(adj. interr.): No usual.**
¿***Cúyo*** **(=De quién)** es este libro?

※ CUAL no se usa en construcciones exclamativas.

※ El adverbio CUANTO es invariable en cuanto a género y número.

Interrogativas directas	**Exclamativas directas**
*¿**Quién** debe a **quién**?* *¿**Qué** es tu padre?* *¿**Cómo** te llamas?* *¿**Dónde** vive Antonio?* *¿**Cuándo** vas a venir a casa?* *¿**Cuánto** vale esto?*	*¡**Cuántos** problemas por resolver!* *¡Ay, **cómo** nieva, **qué** bonito!* *¡**Qué** lástima que te vayas pronto!* *¡**Qué** bonitos son tus ojos!* *¡**Cuánto** te quiero!*

Oraciones interrogativas

Las oraciones interrogativas se dividen en directas e indirectas.

O interr. directas	totales	Pregunta sobre la verdad o falsedad del juicio	Respuesta afirmativa: ***Sí, …*** Respuesta negativa: ***No, …***
	parciales	Sustitución de un elemento por el interrogativo	No aparece ***sí*** o ***no*** en la respuesta.
O interr. indirectas (Función nominal)		Aparecen incluidas en la otra O	No tienen signos de interrogación y entonación: El verbo principal ejerce sus funciones.
		Funcionan como sujeto, objeto directo, complemento de un adjetivo o adverbio, complemento preposicional, etc.	

Las oraciones interrogativas directas son las que preguntan directamente y llevan signos de interrogación “ ¿ ? ”

O interr. totales ¿V + S + O?	**O interr. parciales** ¿Pron. interr. + V + S?
-¿***Tiene usted*** un ordenador en casa? -***Sí***, lo tengo en casa.	-¿***Qué*** tiene Juan en la mano? -Tiene ***una botella de coñac*** en la mano.

O interrogativas directas	*Están separadas de la principal.*
Él me preguntó: ***¿Tienes una videocámara?*** Él me preguntó: ***¿Cuántos disquetes compraste ayer?***	

O interrogativas indirectas	*Están incluidas en la principal.*
Él me preguntó ***si tenía una videocámara*** Él me preguntó ***cuántos disquetes había comprado el día anterior.***	

Las O interrogativas indirectas no usan signos de interrogación.
Dependen de un verbo como: *decir, contestar, responder, contar, etc.*

No todas las oraciones interrogativas indirectas se derivan de las directas:

Él no sabía ***cuántos disquetes había comprado yo el día anterior.***
← *Él no sabía: ¿Cuántos disquetes compraste ayer?

Las oraciones interrogativas parciales siempre llevan interrogativos y estos encabezan la pregunta.

Los que encabezan la pregunta son ***pronombres interrogativos.***	Los que encabezan la pregunta son ***adjetivos interrogativos.***
¿***Qué*** tiene Juan en la mano? ¿***Quién*** es el chico que te gusta? ¿***Cuál*** es tu profesión?	¿***Qué libro*** ha escrito Juan? ¿***Cuánto dinero*** te dio Juan?

[*Quién(es), cuál(es) y cuánto(s)* + la construcción [de + N] con valor partitivo]

¿***Quién de ellos*** te quiere?
¿***Cuáles*** de estas novelas prefieres leer?
¿***Cuántos de tus amigos*** te van a ayudar a tener éxito en el futuro?

Es posible separar los interrogativos de la misma construcción:
¿***Quién*** te quiere ***de ellos*** ?
¿***Cuáles*** prefieres leer ***de estas novelas***?
¿***Cuántos*** te van a ayudar a tener éxito en el futuro ***de tus amigos***?

Todos los interrogativos salvo CÓMO pueden ir precedidos de una preposición.

¿***De qué*** es ese pan? –Es de maíz.
¿***Con quiénes*** vas a ir a la fiesta?
¿***Por dónde*** se puede ir en coche al destino?
¿***A cuál*** de tus padres te pareces?
¿***Desde cuándo*** está usted aquí?
¿***Por cuánto (dinero)*** venderías este coche?

Las interrogativas pueden coordinarse:

¿*Quién y cómo* es tu novio?

¿*Dónde y cuándo* nació Jesús?

¿ *Qué y a quién* exportáis?

Ambigüedad:

¿*Por qué* está Juan cansado? –Porque ha estudiado mucho.

¿*Por qué* cambió Juan el lápiz? –Lo cambió por una moneda.

¿*Por qué* votó Juan? –Votó por un cambio de gobierno.

Interrogativas in-situ (Preguntas de eco):

A: He visto a Ana.
B: ¿Has visto a *quién*?

A: Pablo compró un libro.
B: ¿Quién compró *qué*?

Cf. ¡Cuánto llueve!
*** ¡Llueve cuánto!**

Son expletivos los sustantivos como *narices, rayos, diablos* y *puñetas* en las siguientes:

Me pregunto **qué narices** estoy haciendo aquí.

¿**Cómo diablos** ha llegado aquí este contenedor?

¿**Dónde rayos** cayó el rayo?

¿*Por qué* **puñetas** os debe importar mi trabajo?

Ambigüedad:

¿*Cómo* dijo que lo solucionaría? -Lo dijo en voz alta.
-Dijo que lo solucionaría de una manera pacífica.

Cf. ¿*Cómo* dijo que lo solucionarías? -Lo dijo en voz alta.

1. Pronombres interrogativos & Adjetivos interrogativos

1) *Qué*

¿*Qué* quieres tomar?
¿*Qué cosa* quiere comprar María? [Adj.]
¿*Qué* es Juan? -Juan es médico.

El libro de Juan está ahí.
-¿El libro *de quién*?
¿(Vas a regalar) Esta novela *a quién*?
¿(Preparas la maleta) Para viajar *por dónde*?

2) *Quién*

¿*Quién* ha aparcado el coche allí?
¿*De quiénes* son estas corbatas?
Dime *a quién* vas a dirigirte.

¿De quién es el libro que está allí?
*¿{El libro de quién/ De quién el libro} está ahí?
*¿De quién está ahí el libro?

3) *Cuál(es)–Pron./ Adj.(Uso escaso)*

¿***Cuál*** es tu nombre completo?
¿***Cuál*** es el país más rico del mundo?
No sé ***cuál*** ha sido la causa del dolor.
¿***Cuáles*** de estas novelas prefieres leer?
¿***Cuál*** es tu especialización (académica)?
-Es {español/inglés/educación/biología}.
-Es la literatura medieval.

※ Profesión-'especialidad'

¿Cuál es tu especialidad en la cocina? -Pastas.

¿***Cuál*** es tu amigo, ese chico o aquel chico?
-Es aquel chico.
¿***Quién*** es tu amigo? *–Es Ignacio.*
¿***Qué*** es tu amigo? *–Es médico.*

¿{***Qué >Cuál} canción*** te gusta más?
¿***Cuál*** quieres tomar? ≠ ¿***Qué*** quieres tomar?

¿***{Cuál/ *Qué}*** es la diferencia?
¿***{Cuál/ *Qué}*** es el problema?

4) *Cuánto*

¿***Cuántos*** han venido a la tertulia?
¿***Cuántos dólares*** le debo?
¿***Cuánto*** pesas? - Peso 80 kilos.
No sé ***cuántos*** van a asistir a la clase.
¿***Cuántos años*** hace que estás aquí?

Funciones de los pronombres interrogativos	
Sujeto	¿***Quién*** te enseñó a nadar?
Atributo	¿***Quién*** es ésa?
Objeto directo	¿***Qué*** vas a hacer esta tarde?
Objeto indirecto	¿***A quién*** vas a regalar esta novela?
Complemento circunstancial	¿***Con quién*** estás hablando?
Complemento del adjetivo	¿***De qué*** te sientes *responsable*?

2. Adverbios interrogativos

¿***Cuándo*** fuiste a la universidad?
¿***Cuándo*** es tu cumpleaños?
–Es ***el 20 de enero***.
¿***Dónde*** has estado?
¿***Cómo*** has solucionado el problema?
¿***Cómo*** te va?
- Me va todo bien.

※ Movimiento cíclico de los interrogativos

¿***Qué*** quieres que haga □?

¿***Cuándo*** quiere que venga a verle □?

※ Movimiento cíclico de los relativos

¿Es ésta la casa ***que*** esperas que compremos □?

¿Qué es lo ***que*** esperas que (yo) haga □?

Oraciones exclamativas

Los exclamativos encabezan las oraciones exclamativas y son los mismos que los interrogativos. También las oraciones exclamativas se dividen en directas e indirectas.

O exclamativas directas	*Están separadas de la principal.*
Mi amigo exclamó: ***¡Cuántos libros tienes!***	

O exclamativas indirectas	*Están incluidas en la principal.*
Es increíble ***cuántos libros tienes.*** No sé ***cuán entusiasmadamente estudió las matemáticas.***	

Las diferencias entre interrogativas y exclamativas no van siempre acompañadas de diferencias estructurales.

Interrogativas	**Exclamativas**
¿Qué cosas se ven en mi barrio? *¿Cómo has corrido?* *¿Cuánto te debo?* *Le pregunté* ***cuánto le dolía la cabeza.***	*¡Qué cosas se ven en mi barrio!* *¡Cómo has corrido!* *¡Cuánto te debo!* *Era increíble* ***cuánto le dolía la cabeza.***

Las clases de oraciones exclamativas

1. Las que expresan la "calidad"

¡Qué + N + tan + Adj....! ➡ ¡Qué + N!

¡Qué niño tan {guapo/ feo/ alto/ bajo} eres!
➡ ***¡Qué niño tan {guapo/ feo/ alto/ bajo}***!
➡ ***¡Qué niño!***

¡Qué calor tan sofocante hace!
➡ ***¡Qué calor tan sofocante!***
➡ ***¡Qué calor!***

¡***Qué mala suerte*** tenemos! **(qué+Adj.+N+...)**

¡Qué frío, ¡Qué tontería!, ...

¡Qué + Adj.+ V...! ➡ ¡Qué + Adj.!

¡Qué {guapo/ feo/ alto/ bajo} eres!
➡ ***¡Qué {guapo/ feo/ alto/ bajo}*** !

¡Qué {cansado/ gordo/ triste} estoy!
➡ ***¡Qué {cansado/ gordo/ triste}*** !

¡Qué rico!, ¡Qué fantástico!, ...

¡Qué + Adv. + V...! ➡ ¡Qué + Adv.!

¡Qué {rápido/ lento/ temprano} has venido!
➡ ***¡Qué {rápido/ lento/ temprano}*** !

¡Qué bien!, ¡Qué pronto!, ...

El verbo principal en subjuntivo expresa la poca posibilidad: ¡*Quién* lo *supiera*!

Para enfatizar el sentimiento, se agrega detrás de QUÉ las palabras como *demonios, diablos, rayos, hostias, mierda, etc*:

¡ ***Qué diablos*** *pasa aquí!*

¡***Qué demonios*** *está ocurriendo!*

2. Las que expresan la "cantidad"

¡Cuánto(a,os,as) + N + V! ➡ ¡Cuánto(a,os,as) + N!

¡***Cuántas personas*** *vinieron a ver el paisaje!*
➡ ¡***Cuántas personas***!

¡***Cuántos libros*** *me ha dado mi profesor!*
➡ ¡***Cuántos libros***!

Cuánto puede funcionar como pronombre.

¡***Cuánto*** *se gasta para las bodas!*
Es asombroso ***cuánto*** *tenemos en común.*
Es increíble ***cuánto*** *aprendo de mis errores.*

¡Cuán + Adj. + V! ➡ ¡Cuán + Adj.!

¡***Cuán cansado*** *estoy!*
➡ ¡***Cuán cansado***!

¡Cuán + Adv. + V! ➡ ¡Cuán + Adv.!

¡***Cuán rápido*** *has venido!*
➡ ¡***Cuán rápido***!

Cuánto puede usarse solo como adverbio:

¡***Cuánto*** *te esperábamos!*
¡*Es increíble* ***cuánto*** *tu avatar se parece a ti!*

3. Compatibilidad entre las exclamativas

¡{***Qué frío/ Cuánto frío***} *tengo!*
¡{***Qué rápido/ Cuán rápido***} *has venido!*
¡{***Qué cansado/ Cuán cansado***} *estoy!*

4. Las exclamativas formadas por [N/ Adj./ Adv./ V imperativo]:

¡Cuidado!	*¡Socorro!*	*¡Atención!*
¡Bravo!	*¡Horrible!*	*¡Fantástico!*
¡Fuera!	*¡Adelante!*	*¡Afuera!*
¡Viva!	*¡Vete!*	*¡Lárgate!*

5. Las exclamativas formadas por los exclamativos:

1. Términos religiosos

¡Dios mío!
¡Por Dios!
¡Jesús!
¡Qué diablos!
¡Qué demonios!

2. Expresiones de sentimiento

¡Ah!
¡Ay!
¡Oh!
¡Madre mía!
¡Caramba!
¡Caray!
¡Huy!
¡Olé!

3. Despectivos o duda

¡Qué barbaridad!
¡Qué va!
¡Bah!

4. Etc.

¡Alto!
¡Largo!
¡Arre!

Lección 18

Ejercicios

I. Conteste en español las siguientes preguntas.

① ¿Qué queréis tomar?
② ¿Quiénes van a encargarse de reservar el hotel?
③ ¿Cuál es tu amigo?
④ ¿Qué es usted?
⑤ ¿Cuántos dólares quieres enviar a tu hijo?
⑥ ¿Cuánto mides?
⑦ ¿Cuántos días hace que estás en Cuba?
⑧ ¿Quiénes nos van a ayudar a esquiar?
⑨ ¿Desde cuándo escuchas la música de este grupo?
⑩ ¿Por qué quieren que esté en silencio?
⑪ ¿Cómo os va en Estados Unidos?
⑫ ¿Qué es lo que haces aquí?
⑬ ¿De qué eres culpable?
⑭ ¿Con quién está discutiendo ahí?
⑮ ¿Por dónde se puede pasear tranquilamente?

II. Forme oraciones exclamativas.

① ¡(   ) chico (   ) alto!
② ¡(   ) frío (   ) cruel hace hoy!
③ ¡(   ) cansada (   ) ella!
④ ¡(   ) rápido (   ) Antonio!
⑤ ¡(   ) buena suerte (   ) tú!
⑥ ¡(   ) espectadores vinieron a ver el concierto!
⑦ ¡(   ) hermosa estás!
⑧ ¡(   ) frío tengo yo!

III. Rellene los espacios en blanco con los exclamativos apropiados.

Alto Arre Ay Buen viaje Cuidado Fuera Olé Qué rico Qué va Salud

① Al ver la mierda en la calle, Juan me dijo:"¡( )!"
② Cuando salgamos de viaje, mis amigos me dirán:"¡( )!"
③ Ella se enfada mucho conmigo y me exclama: "¡( )!"
④ Cuando empezamos a beber, solemos decir: "¡( )!"
⑤ Al ver a su hijo herido gravemente, la madre suspira: "¡( )!"
⑥ El guardia le da un espuelazo al caballo diciendo: "¡( )!"
⑦ Los soldados nos detuvieron gritando: "¡( )!"
⑧ Ella me negó su ida a la fiesta repondiéndome: "¡( )!"
⑨ En la plaza de toros la gente suele gritar: "¡( )!"
⑩ Cuando tomamos un plato delicioso, decimos: "¡( )!"

IV. Corrija los errores en las siguientes oraciones.

① ¡Qué mujer tan alto!
② Son increíbles cuántos libros tienen ellos.
③ ¡Qué rápida regresa ella a casa!
④ ¡Cuánto deprimido está Sancho!
⑤ No sé si sabes cuán te quiero yo.

Los Sanfermines

Los **Sanfermines** (en euskera **Sanferminak**) son una fiesta en honor a San Fermín que se celebra anualmente en Pamplona, capital de la Comunidad Foral de Navarra, al norte de España. Los festejos comienzan con el lanzamiento del chupinazo (cohete) desde el balcón del Ayuntamiento de Pamplona a las 12 del mediodía del 6 de julio y terminan a las 24h del 14 de julio con el "Pobre de mí", una canción de despedida.

Una de las actividades más famosas de los Sanfermines es el encierro, que consiste en una carrera de 849 metros delante de los toros y que culmina en la plaza de toros. Los encierros tienen lugar todos los días entre el 7 y el 14 de julio y comienzan a las ocho de la mañana, con una duración promedio de entre dos y tres minutos.

* Contenido extraído (y modificado) de "http://es.wikipedia.org/wiki/Sanfermines"

LAS PREPOSICIONES

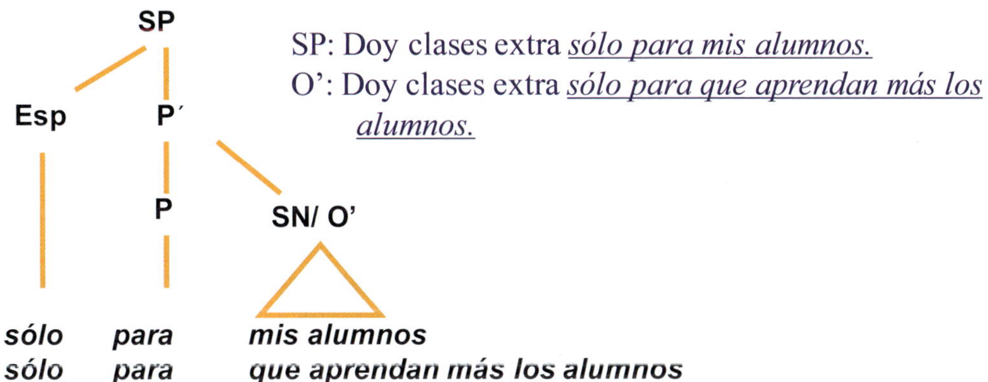

Clases de las preposiciones

Las **preposiciones** son palabras invariables e introducen el llamado SP (sintagma preposicional). El SP generalmente funciona como adjunto, pero en ocasiones aparece obligatoriamente regido por el verbo. La preposición une palabras denotando la relación que tienen entre sí, y también atribuye al SN la función adjetiva o adverbial.

La lista oficial de la RAE

a, ante, bajo, con, contra, de, desde, durante, en, entre, hacia, hasta, mediante, para, por, pro, según, sin, sobre, tras, vía

vía (=a través de)
pro(=en favor de)

Contra** y **según son ***tónicas*** y ***el resto*** son ***átonas***.
Han caído en desuso ***cabe*** (=junto a) y ***so*** (=debajo de, Cf. la latina *sub*).

A estas se pueden agregar también las siguientes:
allende (=al otro lado de): *Vivo fuera de España,* ***allende los mares***.
aquende(=a este lado de): Los vascos de ***aquende*** *los Pirineos* son españoles.

También pueden considerarse preposiciones las palabras siguientes:
extra, excepto, salvo, incluso, más y ***menos.***

Se discute si pueden considerarse preposiciones pospuestas los adverbios siguientes:
*boca **arriba**, boca **abajo**.*

● En inglés la preposición puede aparecer, separada de su complemento, al final de la O, pero en español nunca:
What are you thinking ***about***?
¿***De qué*** estás hablando?

● En las lenguas como el coreano, el euskera, el turco, el quechua, etc., hay ***postposición*** que aparece detrás del SN.
Nu-nun *Hankuk-ul* ***uyhae*** ssaunda.

Locuciones preposicionales

Se componen de dos o más palabras y equivalen a una preposición.
Precisan algunos aspectos de espacio, tiempo y modo que las preposiciones existentes matizan mal.

antes de ...	**después de ...**
cerca de ...	**lejos de ...**
debajo de ...	**encima de ...**
delante de ... **enfrente de ...**	**detrás de ...**
dentro de ...	**fuera de ...**
a principios de... **a comienzos de...**	**a fines de ...** **a finales de ...**
a mediados de...	**a eso de ...**
al lado de ...	**al otro lado de...**
a través de ...	**a lo largo de...**
además de ...	**de parte de ...**
junto a ...	**gracias a ...**
a cambio de ...	**con destino a ...**
acerca de .../ en cuanto a .../ respecto a .../ en orden a ...	
a fin de .../ en beneficio de.../ en favor de.../ con objeto de ...	
a pesar de .../ pese a .../ sin embargo de ...	
de acuerdo con .../ conforme a .../ con arreglo a .../ en virtud de ...	

Quiero caminar ***alrededor de*** aquí.
Ven ***en pos de*** mí.
Trata de ahorrar ***frente a*** la crisis.
España sigue ***a merced de*** los mercados.
Te perdí ***por culpa*** **de** mi orgullo.

Una preposición o locución prepositiva puede expresar varios significados de acuerdo con el contexto. Por ejemplo, la preposición EN expresa los siguientes valores:

TIEMPO	Estamos ***en diciembre***.
LUGAR	Vivimos ***en Seúl***.
MODO	Te lo dije ***en broma***.

Algunas preposiciones sirven de nexos en las perífrasis :

ir ***a*** INF. volver ***a*** INF. atreverse ***a*** INF.

● Contracción con el artículo:

[a + el] y ***[de + el]*** forman los artículos contractos ***"al"*** y ***"del",*** respectivamente.

● Metábasis de la preposición en la construcción [P + V en infinitivo]

Algunas preposiciones pueden sufrir *cambio de función(=metábasis).*

*[Al + inf.] : **Al** llegar mi amigo ... = Cuando mi amigo llega ...*

*[De + inf.] : **De** venir Juan ... = Si Juan viene ...*

*[Con + inf.] : **Con** ser tan guapo ... = Aunque es tan guapo ...*

*[Por + inf.] : **Por** llegar tarde ... = Porque llega tarde ...*

Usos de las preposiciones

A

1. Aparece ante el objeto directo de persona, animal o cosa personificada, y ante el objeto indirecto.

Visitó ***a Antonia*** por su cumpleaños.
De repente vio ***al lobo.***
Le doy el libro ***a María.***
Dejó entrar ***al viento*** en el cuarto.

2. Expresa el movimiento de un lugar a otro.

Fuimos ***a la escuela*** ayer.
Me han traído ***a Corea.***
El tren llegó ***a la Estación de Seúl.***

3. Expresa el lugar **específico** o la hora exacta.

Te esperaré ***a la puerta del edificio.***
Nos veremos ***a las tres de la tarde.***
Se sentó ***a la mesa*** para cenar.
¿A qué hora llegaste? -Llegué ***a la una.***

Cf. Me ducho ***cinco veces a la semana.***
Inés siempre llega a clase ***a tiempo.***

4. Ante el verbo en infinitivo, expresa la finalidad.

Voy allí ***a estudiar.***
Vuelvo a casa ***a descansar.***

5. Expresa el modo.

Me saludaron ***a la cercana.***
Regreso a casa ***a toda velocidad.***
Les odio ***a muerte.***
Quiero ir allí ***{a pie/ a caballo}.***

6. **[de ~ a ~]** - Expresa el ámbito temporal o espacial.

Van a quedarse aquí ***de tres a cinco de la tarde.***
¿Qué distancia hay ***de Madrid a Barcelona***?

7. Se usa para expresar un deporte, un juego o un pasatiempo.

Vamos a ***jugar al fútbol***.
Juguemos al escondite.
Quiero aprender a ***jugar al póker.***

Cf. *jugar al{béisbol/baloncesto/balonmano/tenis/voleibol/...}, jugar al juego, jugar al columpio, jugar a las cartas, jugar a la gallina ciega, jugar al bingo, saltar a la comba, jugar a las canicas, correr al tobogán; esquiar, patinar; ir en trineo (de perros)*

8. Se usa para expresar los tantos.

Los dos equipos empataron ***dos a dos.***
Cuarenta a quince. / Iguales a treinta.

9. Se emplea para expresar el olor o sabor.

Este helado sabe ***a plátano.***
Esta ropa huele ***a pescado.***

10. Forma parte de la locución prepositiva.

Faltó a la clase ***a pretexto de*** *la enfermedad.*
A lo largo de *este curso* nos reuniremos aquí.
El niño murió ***a causa de*** *la gripe aviaria.*

11. Es una parte de la perífrasis o es regida por el verbo.

Aprendemos a nadar.
Me ***invitaron a cenar.***
Voy a ir a la montaña.
Te **ayudé** ***a analizar*** la situación.

12. [a + INF]-Expresa la condición o la orden. / [al + INF.]-Expresa el tiempo.

A decir *verdad*, era culpa mía.
¡Niños, ***a dormir***!
Al entrar *yo en el cuarto*, estabas durmiendo.

ANTE

Es una preposición que significa 'delante de' o 'en presencia de'.

Lo juro ***ante Dios.***
No puedo opinar ***ante este atentado.***
La librería se encuentra ***ante el Parlamento.***
Ante todo quiero expresarle mis condolencias por el fallecimiento de su esposa.

Cf. Quiero darte mi más sentido pésame por la muerte de tu madre.

BAJO

Se emplea para indicar posición física (debajo de), o indicar sujeción o dependencia.

El gato se escondió ***bajo la cama.***
La temperatura alcanza veinte grados ***bajo cero***.
Estoy ***bajo las órdenes de mi jefe***.
La libélula robótica vuela ***bajo mi control***.

CON

1. Expresa **compañía** de otra persona o **acompañamiento** de una bebida o alimento.

Fui a la playa ***con mis amigos.***

Toman ***café con leche*** o ***chocolate con churros.***

Cf. Estaban sentados ***con los ojos llenos de lágrimas*** en un silencio de muerte.

2. Indica la herramienta o instrumento.

No se debe jugar ***con las armas.***
Escriba ***con lápiz*** o ***con pluma.***

Puedes jugar a la bolsa ***con dinero virtual.***
En China se come ***con palillos.***

3. Indica la forma o manera.

Los chicos comen ***con apetito.***
Carmen canta ***con mucho sentimiento***.

Tira la pelota ***con efecto.***

4. Expresa el contenido.

Esta caja ***con monedas*** pesa mucho.

Llevó un maletín ***con dinero negro.***

5. Indica el modo de pago.

Pagaré el televisor ***con tarjeta de crédito.***

A partir del 1 de marzo de 2002 sólo podrá efectuar sus pagos en efectivo ***con euros.***

6. Expresa el descuento.

Compré el televisor ***con el descuento del diez por ciento.***

7. Expresa el sentimiento sobre las personas o cosas.

Josefina es amable ***contigo.***

Todos estamos contentos ***con el resultado.***

CONTRA

Indica oposición, rechazo, sentimiento de disgusto y también una proximidad física total.

Se casó ***contra la voluntad de sus padres.***
Contra lo que creen ellos, yo no soy pesimista.

Mi coche chocó ***contra un árbol.***
Me hablaba apoyándose ***contra la pared.***

DE

1. Expresa la **posesión**.

El auto ***de mi padre*** es nuevo.

¿***De quién*** es este portaminas?

2. Expresa la **materia**.

Este es un chalet ***de madera.*** Esta corbata es **de seda.**

3. Indica el contenido o la cualidad metafórica.

Compramos *una botella* ***de vino blanco.*** Los soldados tienen *la voluntad* ***de hierro.***

4. Indica profesión o papel.

Ana trabaja ***de portera*** en un colegio. Pedro juega ***de delantero centro.***

5. Expresa la procedencia o el origen.

Inés es ***de Salamanca.***
A mí me gusta más *el vino* **de La Rioja**.

Tengo *dolor* ***de cabeza.***

6. Expresa la causa.

Me muero ***de hambre.*** Estámos locas ***de alegría.***

7. Expresa la edad o fisonomía.

Se me acercó *una mujer* ***de treinta años.*** Ella es *una chica* ***de pelo largo.***

8. Denota el punto de partida temporal o espacial.

Salimos ***de casa*** hace una hora.
¿Qué distancia hay ***de aquí a Busan***?

De hoy en adelante estudiaré mucho.
Las clases de guitarra se desarrollan cada día **de tres a cinco de la** tarde.

9. Expresa la condición.

De haberlo sabido, no hubiéramos venido aquí.

10. Expresa el modo.

Ellos no me miraron ***de frente,*** sino que me. dieron la espalda.

El trabajador se resbaló y se cayó ***de espaldas.***
Cf. La situación va ***de mal en peor.***

11. Introduce el complemento de un adjetivo o adverbio.

Es un problema ***difícil de resolver.*** Ella está ***bien de salud.***

12. Expresa el tiempo.

Se duerme mejor ***de noche***. Ellos trabajan ***de día*** y ***de noche*** sin descanso.

DESDE

Indica el punto de partida temporal o espacial.

Se vino caminando ***desde su casa.***
El tren va ***desde Seúl hasta Busan.***

Estaré de vacaciones ***desde el 1 de agosto.***
Se quedó allí ***desde hace tres días hasta ayer.***

EN

1. Expresa el **lugar**.

Ellos trabajan ***en una fábrica.*** Esas ropas las guardo ***en mi casa.***

2. Expresa el **movimiento hacia adentro.**

El hombre entró ***en el piso.*** Juan metió el monedero ***en su bolsillo.***

3. Indica tiempo.

Se puede nadar ***en verano.***
Iremos allí ***en octubre.***
El autor recibió el premio Nobel ***en (el año) 1995.***

4. Denota el instrumento o medios de transporte.

Fuimos a Madrid ***en coche.*** Los jugadores viajarán ***en avión.***

5. Expresa el coste o la proporción.

Compré el abanico ***en cinco dólares.***
El sueldo ha aumentado ***en un 10 por ciento.***
Me lo vendieron ***en diez euros.***

6. Indica **modo.**

Dígamelo ***en serio.*** Me interesa *una pantalla* ***en color.***

7. Denota el **campo** o el **contenido.**

Esta región abunda ***en naranjal.*** Fue el último ***en terminarlo.***

ENTRE

Expresa una idea de intermediación o alternatividad ya sea de lugar, de opciones o de tiempo, y también de participación en conjunto.

Miguel se sentó ***entre Isabel y Rosa.***
No hay malentendido ***entre tú y yo.***
Te esperaré ***entre las dos y las tres de la tarde.***
En casa hablan catalán ***entre sí (ellos).***
Entre el tío y el sobrino robaron el banco.

HACIA

Indica dirección o aproximación.

Los aviones se dirigen ***hacia el aeropuerto.***
Ellos caminaron ***hacia el bosque.***
La reunión tendrá lugar ***hacia las dos de la tarde.***

HASTA

Indica el punto de terminación de la acción de un verbo de lugar, de tiempo o de cantidad.

Hasta {luego/ mañana/ ahora/ nunca}
Estudió ***desde las dos hasta las cinco.***

Leyó ***hasta la última página.***
Te pagaré ***hasta diez mil euros.***

Cf. **Adverbio:** ***Hasta los niños*** pueden entenderlo.

PARA

1. Expresa la **finalidad**.

Compré los regalos ***para mi familia.***
Busco *un hotel* ***para turistas.***
Esta herramienta ya no ***sirve para nada.***

Tomo el autobús ***para ir al centro de la ciudad.***
Trabajamos mucho ***para que nuestros hijos vivan tranquilos.***

2. Expresa el **destino.**

María se marchó ***para Sevilla*** *hace una hora.*

Los chicos partieron ***para EE UU*** el 1 de julio.

3. Indica el final de un período.

La tarea debe estar terminada ***para mañana.***

Terminaremos el trabajo ***para mayo.***

4. Expresa una opinión personal.

Para Platón, la política era un arte.

5. Denota el sujeto de la oracion de infinitivo.

Es muy difícil ***para nosotros*** aprender las lenguas orientales por su alfabeto tan distinto.

POR

1. Expresa la **causa**.

No aprobó *el examen* ***por no haber estudiado.***

Ellos no lo aceptaron ***por esta razón.***

2. Expresa la **finalidad.**

Ellos lucharon ***por su patria.***
Date prisa ***por no llegar tarde.***

La gente suele hacer cualquier cosa ***por dinero.***
Ella habla **por hablar.**

3. Indica modo o medios de comunicación

Te envié un mensaje ***por correo electrónico.***

La noticia se emite ***por radio y televisión.***

4. Expresa el paso de lugar.

Pasaré ***por tu casa.*** Demos un paseo ***por el Parque Nacional.***

5. Denota el lugar o tiempo indeterminado.

Por ahora yo quiero estar soltero.
Voy a pagar la multa ***por octubre.***
Se fueron ***por allí.***

6. Significa "en lugar de" o "en vez de ".

Díselo al profesor ***por mí.***

7. Participa en la formación de la oración pasiva: ser + participio + por.

El profesor ***es respetado por*** *todos.* El chico es digno de ***ser amado por*** *alguna chica.*

8. Indica unidad o distribución.

Me pagan ***50 euros por hora.***

Los coches corren a una velocidad media de ***60 kilómetros por hora.***

Cada curso es de ***30 euros por persona*** para los no socios y de 24 euros para los socios.

SEGÚN

Se emplea para indicar correlación, origen de una expresión u opinión, o dependencia causal.

Se irá completando este álbum ***según vayan llegando nuevas fotos.***
Según tú y yo, el Partido Popular ganará en las elecciones generales.
Hablo cortésmente ***según la educación recibida.*** ***Según dicen*** está enfermo.

SIN

Se emplea para expresar la carencia de algo.

Se atreven a casarse ***sin amor.***
No podemos vivir ***sin ti.***
Los atletas se quedaron ***sin energías.***
Los hipertensos deben comer ***sin sal.***

SO

Expresa una idea de dependencia o de consecuencialidad. No es de uso en el habla corriente.

Rechazó nuestra propuesta ***so pretexto de la enfermedad.***

SOBRE

Indica una situación de superioridad en sentido físico o conceptual, de contenido temático, proximidad cronológica, afectación con alguna restricción u obligación.

Las cartas están ***sobre la mesa.***
Él escribió una novela ***sobre la guerra civil.***
Llegaron allí ***sobre la una de la tarde.***
Tiene dos hipotecas y un embargo ***sobre su casa.***

TRAS

Indica una situación de posterioridad o de búsqueda de un objetivo, en sentido físico, cronológico, o conceptual. Su uso no es corriente. En la acutalidad se prefiere usar *DETRÁS* DE o *DESPUÉS DE*.

Se asomó una silueta ***tras la ventana.***
¿Quién sabe qué pasa ***tras la cortina***?
Las gaviotas suelen volar ***tras el barco.***
Tras los postres, sirvieron café y chocolates.

Otras preposiciones

COMO

Se emplea como adverbio, como conjunción y como preposición("en calidad de").

Participé en la clase ***como oyente.***
Ella pasó un año ***como tutora de Inés.***

Cf. **ADVERBIO:** Es rubio ***como*** *el oro.*
CONJUNCIÓN: ***Como*** tengo mucho que hacer, no puedo salir de juerga.

DURANTE

Indica el periodo de tiempo a lo largo del cual está ocurriendo algo de manera continua.

La congelación permite almacenar el alimento ***durante mucho tiempo***.
La playa está llena de veraneantes ***durante las vacaciones.***

SALVO, EXCEPTO, MENOS

Se emplean para expresar el sentido de "fuera de, con excepción de".

Todos asistieron a clase {***salvo/ excepto/ menos***} ***yo.***

MEDIANTE

Se emplea para expresar el sentido de "por medio de".

Los negociadores llegaron a un acuerdo ***mediante la larga disputa.***

VÍA

Se emplea para expresar el sentido de "por, pasando por, o haciendo escala en".

Hemos recibido la foto ***vía satélite.***

Fuimos en avión de Seúl a Madrid ***vía París.***

Locuciones prepositivas

Las locuciones prepositivas son grupos de palabras que equivalen a una preposición.

ANTES DE/ DESPUÉS DE

El candidato lidera el último sondeo ***antes de*** las elecciones presidenciales.
Es necesario mantener el buen ánimo ***después de*** las vacaciones de verano.
Excava el pozo ***antes de que*** tengas sed.
Una mujer, de 53 años, murió dos días ***después de que*** su perro la mordiera en la mano.

CERCA DE/ LEJOS DE

¿Hay una farmacia ***cerca de aquí***?

Mi colegio está ***lejos de mi casa.***

DEBAJO DE/ ENCIMA DE

Las cajas están ***debajo de la mesa.***

El gato juega ***encima de la mesa.***

DELANTE DE/ DETRÁS DE

Hay un riachuelo ***delante de la casa.***

Tengo una huerta ***detrás de la casa.***

DENTRO DE/ FUERA DE

¿Qué tienes ***dentro de la caja***?
Me siento solo ***fuera de mi pueblo natal.***

Lo terminaré ***dentro de dos semanas.***

A PRINCIPIOS DE/ A MEDIADOS DE/ A FINES DE

Fuimos a la ciudad de Granada ***a principios del año pasado.***

Hemos viajado por Europa ***a mediados de la semana pasada.***

Los edificios fueron construidos ***a fines del siglo pasado.***

A ESO DE (=sobre)

Los vecinos dijeron que el incidente ocurrió ***a eso de las 7 de la mañana.***

AL LADO DE/ AL OTRO LADO DE

El museo del Prado está ***al lado de esta calle.*** El banco nacional está ***al otro lado de la calle.***

JUNTO A

Nos quedaremos ***junto a ti.***

A TRAVÉS DE (=mediante, por)

El chico de la jungla viaja **a traves de los árboles**, lanzando así una serie de cuerdas.

A LO LARGO DE

Unamuno vivió agonizado ***a lo largo de toda su vida.***

Las hojas de los árboles ***a lo largo del río*** empiezan a vestirse de colores.

ADEMÁS DE

Los perros, ***además de ser inteligentes,*** son leales con sus amos.

Además de estos libros, tenemos otros en casa.

DE PARTE DE

Somos *primos* ***de parte de madre.***

-Aló. ¿Podría comunicarme con Ana, por favor ?

-¿De parte de quién?

- De Jorge.

GRACIAS A

He logrado gran éxito ***gracias a su ayuda personal.***

Gracias a Dios, hemos escapado de esa catástrofe.

A CAMBIO DE (=en lugar de, en vez de)

Busco alojamiento gratuito ***a cambio de realizar todas las tareas del hogar.***

CON DESTINO A

Los novios partieron ***con destino a Italia*** donde disfrutarán de una romántica luna de miel.

ACERCA DE/ EN CUANTO A/ RESPECTO A (=sobre)

¿Sabe Dios ***{acerca de/ en cuanto a/ respecto a} nuestro futuro?***

A FIN DE/ EN BENEFICIO DE/ EN FAVOR DE (=para)

Te buscábamos {*a fin de/ en beneficio de/ en favor de*} ***avisártelo.***

A PESAR DE/ PESE A/ SIN EMBARGO DE

La vida vale la pena vivirla, ***a pesar de todas las dificultades.***

Tengo dudas ***sin embargo de que*** duren los pactos que el PSOE ha firmado.

DE ACUERDO CON/ CONFORME A

Si no está ***de acuerdo con*****migo,** usted debe ser un racista.

Los cristianos tienen que vivir ***conforme a la voluntad de Dios.***

Lección 19

Ejercicios

I. Rellene los espacios en blanco con las preposiciones apropiadas.

a	contra	en	salvo
ante	de	entre	sin
con	durante	por	tras

① Se sentaron ( ) la mesa para almorzar.
② Te quiero ( ) toda el alma.
③ Internet es una red de ordenadores conectados ( ) sí.
④ Me muero ( ) aburrimiento.
⑤ Nos despedimos ( ) la francesa.
⑥ Estudiaron anoche ( ) nueve a once de la noche.
⑦ ( ) una rueda de prensa, Aznar reiteró su disposición al diálogo.
⑧ Las selecciones de Yugoslavia y Eslovenia empataron ( ) uno en el partido.
⑨ El maestro es respetado ( ) todos.
⑩ EE UU trata de aplicar el embargo económico impuesto ( ) Cuba hace 40 años.
⑪ El 15 ( ) ciento de los catalanes mayores de 15 años utiliza Internet habitualmente.
⑫ La crisis de la huelga de pilotos obligó a la compañía ( ) cancelar todos sus vuelos.
⑬ Cuba se recupera ( ) el paso del huracán.
⑭ Vi por las calles a las niñas saltando ( ) la comba.
⑮ Iremos todos a la fiesta ( ) Carmen, que está con gripe.

II. Rellene los espacios en blanco con las locuciones prepositivas.

a eso de	cerca de	detrás de
a fines de	de parte de	en comparación con
a pesar de	debido a	en lugar de
al otro lado de	dentro de	encima de
antes de	después de	gracias a

① Nadie puede estar por (   ) la ley.

② ¿Hay vida (   ) la muerte?

③ La farmacia está (   ) de esta calle.

④ Quiero tenerte muy (   ) mí.

⑤ ¿Qué hay (   ) un teléfono celular?

⑥ Alicia encuentra la pequeña puerta (   ) la cortina.

⑦ Recibí un mensaje (   ) mi viejo amigo que está en el extranjero.

⑧ Los turistas que viajan a España consultaron Internet (   ) viajar.

⑨ Esa línea aérea inicia sus vuelos internacionales (   ) junio.

⑩ Ese país salió de la pobreza (   ) la producción láctea y avícola.

⑪ Cada año más de 20.000 personas mueren (   ) complicaciones causadas por la gripe.

⑫ Los pasajeros regresaron al aeropuerto (   ) las dos de la madrugada.

⑬ Hay que elegir amar (   ) odiar.

⑭ Los cibercafés chinos sobreviven (   ) la censura.

⑮ Tus sufrimientos no son nada (   ) los míos.

III. *Rellene los espacios en blanco con las preposiciones apropiadas.*

① Ignacio vivió (   ) barrios pobres.

② Los acusados vinieron (   ) buscar al abogado.

③ Los turistas recorrieron la ciudad (   ) pie.

④ Acabo (   ) cambiar la dirección de correo electrónico.

⑤ El marido se enfadó (   ) su mujer porque ésta le llevó el almuerzo frío.

⑥ Él se atrevió (   ) traer la videocámara digital.

⑦ Con esta videocámara podemos grabar vídeos en alta resolución (   ) formato digital.

⑧ Cuando las cosas se dejan a su aire, suelen ir (   ) mal en peor.

⑨ Como hay muchos atascos, prefiero viajar (   ) metro.

⑩ Es muy difícil (   ) mí ir al extranjero a estudiar.

IV. Corrija los errores en las siguientes oraciones.

① Estamos de acuerdo de esa propuesta.

② Recibí una llamada por parte de un informante.

③ ¿Qué pruebas necesito con saber si estoy embarazada?

④ Al largo de los siglos, muchos cambios alteran la vida de la ciudad.

⑤ Es una enfermedad fácil por prevenir.

Las Fallas

Las **Fallas** (*Falles* en valenciano) son unas fiestas con una arraigada tradición en la ciudad de Valencia y diferentes poblaciones de la Comunidad Valenciana, que se celebran del 15 al 19 de marzo.

Durante una semana la ciudad de Valencia se transforma en una gigantesca exposición de fallas y ninots, en una ciudad llena de luces y colores por la noche, donde la pólvora y los fuegos artificiales acompañan un ambiente de fiesta y alegría que dura hasta muy entrada la madrugada. Por la mañana visita de los monumentos falleros, asistencia a la mascletá y paellita. Luego larga siesta reparadora. Por la tarde a pasear, a descubrir el ambiente y las calles iluminadas. Una cenita rápida o un tapeo, después a las 12 los fuegos artificiales y luego de marcha hasta que el cuerpo aguante.

Las Fallas son unas fiestas con una arraigada tradición en la ciudad de Valencia y poblaciones circundantes. Actualmente, esta festividad se ha convertido en un atractivo turístico muy importante.

* Contenido extraído (y modificado) de "es.wikipedia.org/wiki/Fallas_de_Valencia"

Sobre el autor

Mah, Sangyoung(1959) realizó sus estudios universitarios en la Universidad Hankuk de Estudios Extranjeros y se doctoró por la Universidad Complutense de Madrid. Desde 1986 se dedica a la enseñanza del español y en 1995 fue nombrado profesor titular del Departamento de Español de la Universidad Dankook. Actualmente es catedrático del mismo Departamento y presidente de la Asociación Coreana de Hispanistas.

Es autor de obras de referencia entre las que destacan *En torno a la Cultura y Arte de España (2000), A dominar de una vez la Gramática Española (2003), Gramática Española Global (2008)*; y ha colaborado en los volúmenes colectivos *El Español Práctico (2003), Comprensión del español (2002), Español Vivo (2001), Español I (1997), Coreano I, II, III* (1996, texto gramatical para hispanohablantes). También ha escrito varios artículos sobre temas gramaticales, culturales y didácticos; y en la actualidad enfoca sus investigaciones en la enseñanza SMART del español.

Gramática Española

para universitarios coreanos

초판 1쇄 발행 _ 2014년 3월 3일

저　　자 · 마 상 영
발 행 인 · 전 현 걸
발　　행 · 신 아 사
인　　쇄 · 한승인쇄
출판등록 · 1956년 1월 5일 (제9-52호)
주　　소 · 서울특별시 은평구 녹번동 28-36번지 2F
전　　화 · (02)382-6411 · 팩스 (02)382-6401
홈페이지 · www.shinasa.co.kr
E-MAIL · shinasa@daum.net
ISBN: 978-89-8396-853-1 (93770)

정가 17,000원